劉必榮的孫子兵法與談判謀略

劉必榮 著

第二卷　談判的籌碼與戰前布局

第三卷　出戰

第四卷　纏鬥與收尾

前言

為什麼要談判？為何談判與《孫子兵法》有關？

(一)小至生活，大至職場，事事都需談判

為什麼要談判？又為什麼是談《孫子兵法》？很多人問過我這個問題，其實回歸最重要的問題，那就是談判已經成為現代職場人所必備的一個技能。

說到談判，你可能會想到討價還價，實則不然，它其實只是一種解決問題的方式。當我們碰到一些衝突和問題的時候，我們無法依靠自己的力量單獨解決，這個時候就必須跟對方協商，找到一個共同的解決方案，最後最好是大家都能夠獲利，這便叫「雙贏談判」。

所以不管你今天是談數字，擔任採購或是業務；你是談文字，比如身為法務，需要談合約且字斟句酌每一個字；或者你是名總務，需要商談許多活動，像是公司旅遊要去

哪裡，該增加什麼環節炒熱氣氛；也或者你要談人，如主管與下屬雙方談論升遷等。

不管是談論數字、文字、事情或人，不管你所爭論的是一個決定、做事的方法或是要爭取資源，這些大大小小的事情，只要有人的參與，只要出現不同的意見，它可能都需要談判。這就是為什麼我們覺得談判是個歷久彌新，進入職場後永遠都需要的一門學問。其實不只是職場，就連生活日常也會用上，與房東的租賃契約、和孩子間的親子關係、又或者與陌生人，如車子的擦撞事故。無須上升到國家大事的層級，圍繞在我們身邊的任何事情都可能需要談判。

(二) 談判與溝通的區別

談判跟溝通有什麼不一樣？常常聽見很多人說，談判是否為其中一種溝通方式呢？其實不然，更精確地說，應該是「溝通是談判的基礎建設」，懂談判的人，他一定懂溝通，但只懂得溝通的人卻不能稱作「懂談判」。這就好比，會打籃球的人，一定會運球上籃，然而光是學會運球上籃，並不等於你會打籃球。

差別在哪裡？差別就在「布局」。談判時通常都需要布局，有時候採取迂迴前進的方式，例如，我的目標是要跟張三談判，可是在與張三談判之前，可能跟李四先談過並結盟，以此增加我的籌碼，之後與張三談判時會更有利於己方。而溝通就沒有這麼複雜，溝通是講話，當然也有不同的層次，如什麼時間講什麼話，這個很重要，但是跟談判相比，它只是談判的一個環節。綜合來說談判更需要整體戰略布局。因為是戰略布局，我才想到或許從《孫子兵法》可以給我們很多關於戰略的思考。

(三)「西學為體、中學為用」的談判課

課堂上我常常與同學們說，談判課我基本上用的是「西學為體、中學為用」的方式。什麼是「西學為體」？許多人會質疑談判有沒有理論根據，當然是有的，只是我們通常都希望能快速進入實際應用的談判情節，因而不會花太多時間去講述很學術的理論。但是它的骨架是源自西方一套正統的談判理論。事實上我們可以發現許多中國傳統的東西缺乏一個完整的架構，可是西方的理論架構與中國文化傳統所學又不接地氣。

所以這正是為何我把課程設計為「西學為體、中學為用」，簡單來說它的骨架是西方的正統理論，而長出來的血肉是東方的傳統兵學。要用東方人的思維與戰略思考，去

對應西方這些理論到底該如何使用？在東方與西方之學相碰的時候，又該如何對接呢？需要修正嗎？還是兩者是衝突而相互推翻的？這些都是在建構整個談判理論與課程時，我所深入思考的。

(四)選擇《孫子兵法》的理由

為什麼選擇《孫子兵法》來談呢？其實中國古代的兵法非常多，我之所以選擇《孫子兵法》的主要原因是：《孫子兵法》層次比較高，進一步則有三個具體理由說明為什麼我選擇談《孫子兵法》。在這之前，我們可以先了解一些孫子的背景：孫子是春秋末期齊國人，成名在東吳，因為他幫助吳王闔閭練兵，所以後來過世時，他的墓等等的都在蘇州。但是他的成長、發跡，都源自齊國，也就是現在的山東。孫子身處春秋末期與齊國的背景相當重要，這點我們接下來就會看到。

我選擇《孫子兵法》有三個理由。第一個理由是：它不僅所處的管理層次高，也有著不同的管理方式，且提出的方法也相當務實。孫子的背景在春秋末期，而這個時代有什麼特殊意義呢？在春秋末期，有個重點必須要強調：在當時，春秋有所謂士農工商之階級分別，而打仗是貴族的事；到戰國時代，貴族集團崩解，才有很多平民參與戰爭。所以春秋時代的兵法所講的是貴族事務，在論及這些貴族事務時，有各種的優先於實際情況的身段方法必須實行。由此可見，《孫子》作為春秋末期的兵法，在管理層次比較高。

例如：以前常常說「宋襄公之仁」，或有人稱之為「婦人之仁」，這是什麼意思呢？當年宋襄公與楚軍交戰，敵人的部隊將要過河。此時宋襄公的軍師與幕僚就說：「在他過河過到一半的時候，我們攻擊他，這時候我們就會獲勝！」宋襄公卻說：「不行，我們要堂堂正正地打，我們要等他過河。」等到敵人過河之後，楚軍正在整隊，幕僚與宋襄公說：「那我們現在攻擊他！」宋襄公還是說：「不行，我們當然要等他整隊完之後再發動攻擊，我們絕不趁人之危。」結果，等到敵人整隊完之後，宋襄公與楚軍的戰鬥就輸掉了。

從現代的角度來看，宋襄公的做法實在是難以理解，因為打仗的目的就是要取勝，如果攻其不備能夠提高取勝的機會，那怎麼能夠等他整頓完了、全部過完河之後，再開始進攻？在之後才進攻，就很容易導致失敗。然而，宋襄公注重的不只是取勝，他也注重：「身段」。所以宋襄公他講的，基本上是：作一個貴族，打仗必須要有一定的章法。所以回過頭來看第一個理由，為什麼說《孫子兵法》的層次比較高？因為《孫子兵法》是為貴族所寫的，它注重不只是表面的事物，他注重的層次比較高，所以裡面有很多可以應用在管理上面的方法。

選擇《孫子兵法》的第二個理由是：春秋時代所用的兵器是青銅器。這有什麼重要性呢？因為青銅器比起鐵器還要軟，所以沒辦法很輕易地砍殺敵人！到戰國時代，武器改為鐵器，鐵器比起青銅器還要堅硬銳利。所以在春秋時代，打仗的差異不只是在於打仗是貴族的事而已，在戰場上，士兵所用的青銅器也是重點。因此《孫子》作為春秋時代的兵法，它跟戰國時代的兵法著重的概念完全不一樣。從這一點我們可以看到，戰國時代戰場上的傷亡比較多，因此戰國時代整個兵法思維都不太一樣。所以就可以循線明白春秋時代的《孫子兵法》，為什麼主張要這樣打仗，而不是那樣打仗——例如「不戰而屈人之兵」，就是一個與戰國時代不一樣的方法。因為孫子注重的層次比較高，所以很多時候，他的觀點就讓很多東西有不同的解讀或管理的方式，這就很有意思了！

選擇《孫子兵法》的第三個理由：《孫子兵法》是「兵家」之書。從孫子的背景來看，齊國當時的思維是「面海」、「重商」，所以《孫子兵法》的基調講的是「利」。如孫子說「合于利則動，不合于利則止」（〈火攻篇第十二〉），這點就可見一斑；他也講「能使敵人自至者，利之也」（〈虛實篇第六〉），白話來說，就是要能夠讓敵人自己過來，我就必須拿小利去引誘他。由此可以看出，兵家講「利」的重要性；但我們熟知的儒家卻不是這樣講的——儒家會說：「孔曰成仁，孟曰取義。」也就是說，儒家講仁義，兵家講利。然而，我在此並非把「利」當作「勢利」來看，我所說的「利」是「務實」。所以《孫子兵法》作為兵家之書，是用一個比較務實的角度，將視野、層次拉高，不將戰爭理解為純粹的殺人，而是考量我們要怎麼樣在戰爭之中留個餘地。這一點用管理的角度來看，很多地方都非常值得我們去學習。

(五) 如何解讀《孫子兵法》最為合適？

《孫子兵法》有很多不同的解釋、不同的講法，而很有趣的是：很多解釋跟我們談判上戰略可以互相呼應。當然，《孫子兵法》終究是古代的兵法，古代兵法要用在現代的談判上，有些東西就必須改以現代利益來進行詮釋，這是首要的第一步。這樣來看，每一個人、每一個《孫子兵法》讀者，也都可以有不同的方法來詮釋它。

舉例來說，只要有一點中國文化的陶冶，多多少少都會吟上、背上一兩句《孫子兵法》。雖然不見得整本都背得完，但總會信手捻來一兩句——比如說「不戰而屈人之兵」，以及「知彼知己，百戰不殆」（〈謀攻篇第三〉），對不對？

可是《孫子兵法》終究是古代的兵法，所以某些時候，「字音到底怎麼發」是個問題。像是它到底講的是「將（ㄐㄧㄤˋ）」還是「將（ㄐㄧㄤ）」？是將軍的「將」、還是將領的「將」？還是我將去哪裡的「將」？破音字的不同讀音可能會產生很多不同的解釋。所以，這也是為什麼歷朝歷代關於《孫子兵法》的解釋多到不可勝數，甚至到現在還有很多台灣、大陸的學者解釋都不同。

但是我跟各位談《孫子兵法》的時候，我談的是「運用」，而不是要訓詁考證。如果這個解釋可以給我們點啟發，那它就是不錯的解釋；如果另一個解釋也可以啟發我們，那麼這兩個解釋其實可以同時並存，因為它們都是在幫助整理我們的談判戰略。不同的解釋可以並存，我們不必講說誰對誰錯。所以如果今天讀完兵法，你認為：「老師，我是另外一種解讀。」這樣也很好！你如果是另外一種解讀的話，那你就告訴我：你是怎麼讀的？我們一起可以思考。

在兵法界有很多關於如何解讀的辯論，例如：我們常講「奇正」，那你說的是「奇（ㄑㄧˊ）正」還是「奇（ㄐㄧ）正」？如果你講的是「奇（ㄑㄧˊ）」的，那可能是出奇兵；如果你講「奇（ㄐㄧ）」，奇就是多的，多的一個，我多用一些兵要擺在什麼地方。由此來看，「奇正」在兵法界就有兩種解釋。有人傳統上用「奇（ㄑㄧˊ）」，但大陸有些學者說：「不對，應該唸「奇（ㄐㄧ）。」我會認為這沒有關係，都可以用！因為在這些解讀裡面，都有可以幫助我們思考的成分。

但是有一件事情需要特別留意：就算你讀了《孫子兵法》，你還是要曉得《孫子兵法》基本上還是為了要打仗取勝的，孫子寫的時候並不是為了談判。我常作個比喻：你是要拿它來打網球還是打桌球？你要拿它從打網球（tennis）變成打桌球（table tennis）時，當然有些思維、有些尺度（scale）、規模的東西必須要隨之改變。所以，有時候時代的不同也會讓結果也不一樣，我在這本書裡會告訴你說：有哪些地方我認為現在可以通用，而有哪些地方現在有可能不通，或是有什麼問題，這些我都會展示出來。

我不會告訴你說《孫子兵法》都對，因為如果《孫子兵法》都對，那我們就可以直接把所有我們看到的談判案例，全部都塞到《孫子兵法》框架裡面，然後以此證明《孫子兵法》的歷久不衰。《孫子兵法》絕對是中國人智慧的寶藏，但也不必如此，因為還有其他很有價值的兵法。只是一般來講，國內外特別鍾情於《孫子兵法》，因為《孫子兵法》簡單簡潔、提綱挈領，又有很多可以自由解釋的空間，而這點實在非常有趣！

《孫子兵法》的有趣之處，可以由我這個故事看出來：我現在寫下的是現在我讀《孫子兵法》的感悟，但這也不排除我以後可能有別的感悟。我採用的《孫子兵法》是《宋本十一家注》，我把它放在電腦旁邊，每次有空的時候，我就再讀一下、寫一點眉批。我現在看到二十年前讀《孫子兵法》的時候，我所寫的一些眉批，才驚訝發現：「喔！原來我以前我是這樣想的？」這就很有意思！現在的我發現：「欸，以前讀這段沒感覺，怎麼現在有感覺呢？這真的太有趣了，太有趣了！」於是又加上不同顏色的眉批，所以我說：「欸，這東西真的有意思！」這也是為什麼我要寫下這本《孫子兵法與談判謀略》。

今天我寫這本書，是要說明現在我讀《孫子兵法》的感悟，但也許十年後我會再寫另一套，因為我可能又有另外一種感悟。但現在，我要把現在的所思所想結合談判，跟大家作一些分享。希望接下來，我們可以一起進入到兵法和談判的世界。

在這本書中，會將《孫子兵法》打散於各章節中闡述，不是按照《孫子兵法》十三篇的順序，會根據該章討論的主題與核心的概念思維，並在《孫子兵法》中相互對照，而你將會發現無數可以呼應的句子，將整部兵法立體化，而不是平面的背誦與閱覽！

第一卷

上桌前的思考

01 兵者，國之大事

不打沒準備的戰役

兵法解讀：小心，不可不察

(一)兵者，國之大事

「兵者，國之大事，死生之地，存亡之道，不可不察也」。這是《孫子兵法》開宗明義第一篇的第一句話，相信不論是否曾讀過《孫子兵法》的人都不陌生。《孫子兵法》第一篇是〈計〉，「計」是planning（計畫），它不是計謀、計策。

而這段話的意思是說，打仗的時候需小心謹慎，必定要事先做過周延的準備或縝密的規劃，才能夠上戰場！而後世研究兵法的學者們，亦是拿這句話來替孫子辯護，說孫子雖然寫兵法，但是他基本上是反戰的，他並沒有窮兵黷武高喊「我們去打仗啊！」

這其實多少也跟他身處的春秋時代背景有關，春秋時期社會階級分為「士農工商」四階，戰爭屬於貴族的事，既然是貴族的範疇，那必然會講求身段，並非只是將武器拿在手上便上場衝鋒陷陣，打仗也會要是件優雅的事情，因此孫子說「所有的打仗都要非常小心，在上戰場之前都要做好準備。」

(二)不可怒而興師，不可慍而致戰

除了前面提到的〈計〉這篇以外，你還可以對應第十二篇〈火攻〉，孫子說「主不可以怒而興師，將不可以慍而致戰」。

「主不可以怒而興師」意思是在上位者不能夠因激動憤怒，就發兵打仗，完全沒有準備且是出於個人情緒，這便叫「怒而興師」；「將不可以慍而致戰」，「慍」就是生氣，不能因為別人說了什麼激怒你的話，便打仗發兵。

不管是「怒而興師」或「慍而致戰」，都是沒有經過深思熟慮後的決定，一受到對方刺激就下意識反擊，這是不對的。正如前述提及的「死生之地，存亡之道」，如果能深知其中道理，就不會衝動行事，僅憑個人的情緒，就衝上前去與人捉對廝殺，要沉得住氣小心行事，不要立即反應。

我常跟朋友這麼說，因為很多事情並非自己所想的那樣，沉靜後先暫緩，謹記「主不可以怒而興師，將不可以慍而致戰」。

實戰應用：首重臨場反應，更別忘了事前準備

說實話並不是每一個談判都非常重要，我們現在所提到的都是碰到「真正重要」的談判場合，因此你當然不能不準備啊！或許有人會說：「老師，不對啊，談判靠的是機智啊！你怎麼可能把每個情況都準備到呢？」因此，除了事前的充分準備，我們也必須具備快速的臨場反應，要學會機智的應對且腦筋要動得快。

假設一切都準備就緒，SOP也列了一大堆，等到真有突發狀況，才開始慌亂地翻書、翻你記下的策略本子，卻找不到因應之道，而你立刻被打倒在地，怎麼辦？所以說

就算是準備，也不能花太多時間在上頭，最後反而綁手綁腳，限制住自己。所以主張機智至上這一派的一些人提出，談判最需要現場的反應，反應仰賴腦筋的靈活，懂得隨機應變，當然這點很重要，我並不否認。那為什麼事情準備的重要性也不亞於此？

談判的時候，我們需要盤點自己有多少籌碼，需要了解對方派出的談判使者是什麼樣的人，而他們又有多少籌碼、有多少時間可以等？萬一這次沒談成，他會怎麼辦？他有多需要我，還是我有多需要他？他有沒有退路，他有什麼退路？又或者，我有沒有退路？

接著，我們還需要再想：我有幾套方案？而我能做到多少？雖然在談判現場需要臨場反應來思考我可以有什麼新方案、新點子，但是在上談判桌之前，總得先要有個譜——你不能上桌卻沒有一個大的方向，是不是？當然很多事情沒辦法在事前就準備好，這些事情我們要在現場開始談判以後，再來準備。

常常有人問我說：「老師，我們是不是必須先把談判準備充分，把各種資訊都蒐集完備了，之後再上桌？」我們的講法是：你講的對，可是這種做法卻跟事實脫節。這是什麼意思？因為雖然講求準備充分再上桌，但事實上，並沒有可以讓你真正準備充分的一天啊！我們怎麼可能每一次準備都充分完備？

比如說：我想對方應該沒有退路吧？「他『應該』沒有退路」等不等於「他『真的』沒有退路」？未必等於！「他『應該』沒有退路吧」這句話是在假設情況，而「他『真的』沒有退路」這句話是在描述事實。由此來看你會發現：我們常常在談判之後，才意識到了我們準備了好多自以為是的立場。這些立場在你冷靜下來，靜下心來看的時候，才會明白那些都只是假設，不一定是事實。

又比如說：我假設對方應該很急，我假設他其實還有退路，或我假設他在財務上有困難，又或者我假設他們內部早已離心離德，每個人都在準備跳槽——這些全部都是假設，實際上不見得是這樣子。所以，為了要知道哪些是假設，哪些是事實，我們在開始談判了以後，一定要繼續蒐集情報。

你可能會接著說：那要不要蒐集情報，等完備了然後再上桌？一樣沒有那一天！所以，我們一定事先就要開始蒐集情報。但就算這些我們通通都認同，還是要盤點一下我到底有多少籌碼，總要知道我究竟有幾個方案可行，總要知道：「我到底能夠在桌上耗多久？我有多少資源可以跟他談？萬一談不成的話，我有沒有退路？」這些問題，在自己內部盤算時，就要先準備好！

「國之大事」就是這個意思。任何一個談判——只要你不是去街頭買水果、買冰，在稍微坐下來談的這種談判——任何大型的談判，都要事先準備。這些準備並不妨礙你後面機智、臨場的反應，而且還可以先了解事情的框架，先盤點好自己有幾斤幾兩，這些事前準備在談判中是非常重要的。所以，我才把這點放在第二講裡面談，可以馬上表明：要準備談判的第一件事情，其實就是孫子所講的第一句話「兵者，國之大事」。既然是國之大事，那麼我們就要知道可以在什麼時候選擇引爆，就要知道我能夠撐多久，確認我有多少資源，了解我是跟誰談判；既然是國之大事，我們就要在上桌前準備好能準備的部分，而剩下沒準備好的，就在談判桌上跟他互動，補足後面需要的資訊，校正一下我們前面已有的想法是假設還是事實，然後我們再進行下一回合談判。

根據上面分析，可以看出事前的準備很重要，所以我們後面還會帶著各位一步一步來看我們到底要怎麼進行準備。但是，你必須先明白準備的重要性，這樣才能夠繼續往下走。這個「開頭」很重要，為什麼我們一定要講這個「頭」呢？因為這個「頭」跟我們下一講的內容密切相關。

談判重點

- 所有談判都需要小心謹慎，並做好事前準備。
- 談判中要沉得住氣小心行事，不要立即反應，以免落入陷阱。
- 常常是談判後我們才意識到，自己準備了許多自以為是的立場，因此要更廣泛蒐集情報。
- 就算有了周全的準備也並非照著走，準備過頭或過度依賴計畫反而會成為談判中的包袱！
- 盤點好談判的籌碼，才有本錢打贏戰役！

02 上下同欲

老闆和下屬間，彼此是否了解？

兵法解讀：什麼是「上下同欲」？

《孫子兵法》在〈謀功〉篇提到「上下同欲者勝」，那「上下同欲」是什麼意思呢？「上下」所指的是主子和臣子，而「同欲」指的則是他們要的東西是一樣的，其意涵就是：如果主子與臣子想要的東西是一樣的，那麼他們就會勝利。

只不過這件事非常困難，大家可能不清楚到底有多難，我們可以從一個常問的問題開始：「上下同欲」，是誰要跟誰一樣？

單從《孫子兵法》把「上下同欲者勝」這句話拿出來讀，只會讀到「上下同欲」是孫子要告訴你：作主子的人要激勵底下的人，要動員他們，讓他們願意跟你往前衝，你必須把你的目標、你的願景，也變成屬下的目標、屬下的願景。讓公司的改革、目標與願景，變成屬下的DNA，那麼你往前衝，屬下才會跟著你往前衝。

更重要的是，屬下並非只要服從你而已，他也必須要投入。他們對你的服從可能是如行屍走肉般的服從——他只單方面聽，並不敢挑戰。然而，當他們願意整個人投入的時候，他們是真的被你感動了、真的被你激勵了。整個部隊要在這個意義上達成「上下同欲」，才會打贏勝仗。

這是我們作為主子直接讀到的意思。但我們當主子的機會並不多，反而當臣子的機會比較多，那麼作為臣子要如何讀這句話呢？

就「上下同欲」來看，《孫子兵法》似乎是要「上」要使「下」與之相同，可是當我從臣子的角度來講「上下同欲」時，我作為臣子，要去體察主子的想法。當我能了解主子想法的時候，我才能夠跟他同一條心。

只是你真的知道你主子是怎麼想的嗎？其實有時候，主子他根本不想談。我們常常講，在談判的時候，我可以代表國家或公司出去談判，但是主子必須告訴我，你到底想不想談。如果真的想談，我有談的方法；不想談，我也有不談的方法！什麼叫「不談的方法」呢？談判上有一招叫做「節外生枝」，透過這個方法，我可以談得揮汗如雨，其實我根本不想談判。

以色列總理納坦雅胡（Benjamin Netanyahu）就是一個非常擅長「節外生枝」的厲害角色。納坦雅胡當了十幾年的以色列總理，外界很多人評論納坦雅胡，都認為他最重要的特色就是——他其實根本不想談判。納坦雅胡根本不想要跟巴勒斯坦共同達成和解，可是他總是讓巴勒斯坦人覺得他願意談，也讓美國覺得他願意談。也就是說，他可以讓周圍的人都覺得「如果這個人當總理，那中東的和平就有了希望」，然而其實他根本一點也不想談。

這就是我在這所要講的，可以用談判的方法來達成不談判的目的。談判中確實是有這樣的招式，但就算如此，問題還是在於：主子要跟我講明他的想法，我才能夠做到「上下同欲」；主子如果不講明白，那要怎麼辦呢？這樣的情況就比較難辦一些。那要怎麼做呢？

實戰應用：先求放心，上下團結一心

(一)擔任屬下，我們要能夠「將能而君不御」，讓君放心而不干預

雖然比較難辦，但我們可以從《孫子兵法》繼續找出線索。在〈謀功〉篇裡面「上下同欲者勝」，後面說道：「將能而君不御者勝。」「將能」就是大將非常能幹，而在這時候，「君」就要「不御」，主子就不要干預。這是因為將軍在戰場上是專業，但主子的專業是政治。主子可能會以政治的考量凌駕專業，這樣就是外行去領導或指揮內行，這時就很難打勝仗，所以孫子才會說「將能而君不御者勝」。

可是這說法還是有問題，回憶一下我們在前一講中的內容——我們談到「兵者，國之大事，死生之地，存亡之道」。也就是說，仗如果打敗，國家就可能會滅亡，一旦國家滅亡，君主也就不復存在了！

以此來看，君主既然面對著死生之地、存亡之道，他有可能不干預嗎？他看到了這個底下的人仗打得很差勁，照這樣打下去勢必會輸，那君主能不干預嗎？就算底下的人仗打得很好，君主依然不放心的話，他還是會干預。那從屬下的立場來看，要怎麼做才

能讓主子不干預呢？

(二) 擔任屬下，「君命有所不受」：你敢不聽主子的話嗎？

《孫子兵法》在〈九變〉篇中講到「君命有所不受」，這句話很有意思。「君命有所不受」，意思是我們作為臣子，要跟主子說：「您不要干預。」除此之外，孫子還說：「如果主子還是要干預的話，那麼你可以不聽他的命令。」這說起來容易，但你作為一個臣子敢這樣做嗎？從理論上來看，之所以「君命有所不受」，是因為我作為在現場打仗的將士，我最了解現場的狀況，主子不了解狀況卻又時常干預，那麼我就可以不聽他的命令。

上面幾句的說法其實可以整合成一套論述：在〈謀功〉篇，孫子跟主子說，如果「將能」，那主子就不要干預；在〈九變〉篇，他跟臣子講，如果主子不懂卻依然要干預，臣子可以不要聽他的。但回過頭來看，為什麼主子要干預呢？正是因為你們君臣沒辦法「上下同欲」！主子也不相信你，你也不相信主子，你們上下不同欲，所以主子干預，臣子不聽，全攪在一塊了。

讓我們靜下心來，將這兩講對照來看：首先，根據上一講所言的「兵者，國之大事」，要主子不干預是強人所難；其次，在這一講我們說到，一定要想辦法讓主子不干預，才能夠打勝仗。對照來看就會發現：主子干預與否是表面上的問題，真正的關鍵是臣子能否讓主子放心，讓他不要干預。

由此看來，「將能而君不御」正是這個關鍵。這句話言「君不御」，雖然感覺上是要寫給君王看的，但其實這句話也會讓臣子學到，作為臣要能夠君放心而不御才行。那麼，要怎麼樣讓君放心呢？其實就是我們前面所講的「上下同欲」——體察領袖的苦心，體察長官的苦心。

(三)「君不御」的例子：川普的財政部長——穆努欽

「將能而君不御」在當代最典型例子，就是在川普擔任美國總統時，他的財政部長穆努欽（Steven Mnuchin）。

當時川普因為COVID-19疫情的關係，他需要國會通過紓困方案。紓困方案的通過非常艱辛，因為偏共和黨的政府與民主黨控制的國會，在意識形態上有很大區別——共和黨主張「小」政府，他們認為錢只要留在老百姓口袋裡，他們就自然會知道要怎麼花、怎麼去振興經濟，所以共和黨認為政府管得越少越好，這樣的「小」政府最好不要徵稅。

民主黨則認為我們不應該追求小政府，反而應該要追求大政府。民主黨抱有些微社會主義的左傾意識形態，所以他主張政府應該是大政府，政府應該要管得多，若政府沒有錢管的話，就要對人民徵稅。這樣一徵稅一管，國家和企業的關係就發生了質變——到底民間企業能夠有多少自主性呢？還是國家根本就完全穿透民間，能夠干預到企業發展呢？這就牽涉到官與民的關係，政和商的關係。

綜上所述，如果民主黨與共和黨有不一樣的意識形態，那共和黨要通過這個方案，就必須跟民主黨控制的參議院談判協商。但問題是：要誰去談呢？這個人，就是財政部長穆努欽。

穆努欽厲害的地方不只在於他能夠跟民主黨談，還有穆努欽的主子是川普。在談判的時候，川普可是在旁邊虎視眈眈，因為他覺得全世界最會談判人的就是他！所以他好像隨時在準備，只要穆努欽談得不好，那就是總統親自跳下來談，川普親自跳下來談啊！

從結果來看，穆努欽確實能夠讓川普放心，他能夠「將能而君不御」——讓川普放心沒有干預。這也是因為穆努欽將談判的全部功勞都歸給川普。川普是如此好大喜功之人，而穆努欽也完全了解他的主子想要什麼，這就叫「上下同欲」。

穆努欽之所以能夠「上下同欲」，是因為他能夠體會主子想要什麼。這樣一來，主子才能做到「將能而君不御」。一旦「將能而君不御」，穆努欽的主子不進行干預，那他也不需要「君命有所不受」，因為君命本來就不會干預。

在談判的時候，穆努欽將所有的讚譽（credit）都統統歸於川普。最終法案通過，川普在白宮要簽字時，他後面站著一排官員，但是穆努欽卻站得遠遠的，絕對不跟主子搶功。那這樣來看，穆努欽厲不厲害呢？當然厲害，因為這筆紓困基金要怎麼分，財政部有很大的影響力，也就是說，穆努欽可以影響分配的關鍵決定。那民主黨要多分一些紓困基金，就必須要跟他打交道。於是，穆努欽就變成在川普政府裡面，唯一可以跟民主黨打交道而且達成協議的人。他不只把面子都做給主子，除此之外，他自己也還有很多的裡子。就這樣來看，他非常厲害！

可惜的是，後來川普競選連任失敗。如果川普連任成功，財政部長穆努欽一定會更上一層樓，因為對川普來說，他擺在身邊既能幹，又會談判，又不搶功，為人也低調。

雖然穆努欽也拿了不少好處，但是他很厲害的是他能「將能而君不御」，而「上下同欲」。

(四) 先安內，後攘外

雖然穆努欽很厲害，但我們一般人可能沒有這麼了不起，所以有時候我們代表公司出去談判，只要盡到我的責任就可以了。我可以告訴主子說：前面可能是有個懸崖、有流沙、前面會有什麼狀況，最後我們談成兩個協議，甲案比乙案好，那我就盡到我的責任了。主子最後可能沒有選擇甲案，而是選了乙案。這時你心裡可能很納悶，他身旁是不是有小人影響了他？但其實你不需要這麼煩惱，因為你不曉得主子是怎麼想的。

我們在這個層次思考，主子在他的層次思考。高了一個層次，看世界的視野就不一樣，考量也不一樣。有時候，主子可能是想說我就放了這個談判，因為我可以藉由這個結交什麼人。所以，主子可能為此算了好幾步，但我只看見眼前這個談判而已。我們談判當然要贏，為什麼主子能贏卻不贏呢？因為他算了後面好幾步，只是他沒告訴你而已，對不對？

我們也不見得知道主子的真正想法，但是我們可以盡到我們的原則。我告訴主子，這情況實際上是這樣子，那最後主子聽不聽我的建議，就不是我可以掌控的事了。不然，你有什麼方法真的曉得主子在想什麼嗎？他沒講，你永遠不會知道。

我們只能假設：每個主子都有他的考量，他可能看到某些情報，他多算了好幾步，但我們不知道，我們只能盡到我自己的責任。所以，我要先將內部先協調好，不能沒有協調好內部就出去外面談判。當我們在裡面都沒有「安內」，在外面怎麼「攘外」呢？因此，我們要先能夠處理好主子的想法，也就是讓主子能夠放心，讓我能夠全力以赴地出去談判，這樣談判才可能談得好。

談判重點

- 對外談判，內部必須先取得共識，如此才有助拿下談判的勝利。
- 在上位者須了解，並非讓屬下服從你而已，下屬也必須要投入其中，了解自己的使命，擁有共同目標，才能一起衝。
- 有時候可以用談判的方法來達成不談判的目的。
- 在下位者要讓上位者放心，讓上司不要干預談判進行。
- 團結內部需進行溝通，了解上下位者雙方考量在意的部分。

03 無所不備，則無所不寡
分出議題的輕重緩急

兵法解讀：抓大放小，無所不備，則無所不寡

所有談判都必須要進行準備工作，而其中最難的準備就是：想清楚「我到底要什麼？」在談判的時候，我們常常談著談著，就忘了原來的談判目標。

〈虛實〉篇說：「備前則後寡，備後則前寡，備左則右寡，備右則左寡。」不可能事事都準備，「故備前則後寡」，我為前面做準備時，後面就寡了，「寡」就是少、不夠；「備後則前寡」，為後面準備時，前面就少了；「備左則右寡，備右則左寡」，我

為右邊準備，左邊就少了，而我為左邊準備時，我右邊就少了；「無所不備，則無所不寡」，每個地方都準備的話，那每個地方兵都會不夠。

因為「無所不備，無所不寡」，所以你必須要做決策，要能分辨事情的輕重緩急，要清楚要的是什麼，能放棄的又是什麼。

實戰應用：了解彼此的「must」和「want」

(一) 思考重點在哪裡，做出選擇

想要的東西不可能全部兼得時，勢必得放掉一些，倘若有一兩個是你可以放掉的，其實就表示你要的東西有不一樣的重要性。所以，準備談判時，必須清楚知道你要的是什麼，並區分出不同目的之間的輕重緩急，決定最後在無法兼得時，要放棄哪一個。

假設今天我出去談判，最初是在談如何把東西銷售出去，但是談判到最後卻發現，我們談的不是怎麼把東西賣出去，而是在談這東西的好價錢是多少，或在談好的付款方式是什麼，這與我最初的目標相差甚遠，是截然不同的議題。之所以談起好的付款方

式，可能是因為談判過程中我認為對方一定會購買，所以我趁機多要求一些，看款項是季付或半年付，但這其實就忽略了我真正的目的，原先是要趕緊把物品賣掉，這才是我的第一優先考量。談判談著忘記最初的目的是什麼，這種情況就是常說的「歧路亡羊」。

在談判的準備過程裡面，我必須要知道「我到底要什麼」。但萬一我想要的沒有辦法全都得到呢？

比如說我今天是一位銷售員或是業務，在跟對手談判時，我的目的是要談價格、規格、付款方式還是要談交貨條件？我需要先釐清，在談判中到底是要爭得什麼。哪個目的能夠放棄，哪個必須堅守，在無法兼得的情況下，勢必得放掉其中一個。

又比如說，有些業務會告訴客戶說：「老闆，價錢方面我無法退讓，但是我把你的付款方式拉長如何？也就是說，我價格不讓步，但是本來要求三個月內要付款，現在讓你延長為五個月，這樣你一樣可以減輕一些壓力，讓你的資金可以做更靈活的調度。這樣的安排好不好？」當業務提出交換條件的時候，我們可以看出：對業務來講，他說「價錢不讓」，但是可以延長付款時間，那就表示對他來說，「價錢」的重要性超過

「付款方式或付款時間」的重要性。這兩個考量的權衡比重就不一樣。

這就像是我們小時候學校開學，老師發了新課本，我一看到新課本，就想幫課本的重點畫紅線標記。可是我太高興了，把整本書都畫了紅線，反而讓課本沒有重點可言。怎麼可能整本書都是重點，都畫紅線呢？畫重點時，勢必要做出選擇，思考重點在哪裡，思考我有限的兵力要備在哪裡，這個就叫作「輕重緩急」。

(二) give and take

談判的時候，我們常說要「抓大放小」，這句英文稱為「give and take」。但我要give什麼？要take什麼？這些大小抓放的出現，追根究柢就是因其重要性不一樣，這些東西所占的比重就不一樣了，如果比重真的都一樣的話，那要抓什麼放什麼，就很難決策了。

常常有同學在談判課上跟我提到：「老師，我發現談判也是個決策的過程！」我說：「對啊，它就是決策啊！」你要哪一個，要放哪一個，這就是決策！要知道輕重緩急的優先順序，這也是決策。

所以，關於輕重緩急的判斷，我第一個要告訴你的就是：它們不可能一樣重，也不可能你想要的全部都能得到。如果要用一個字來描述談判過程中是在做什麼，這個字就是「換」！

(三) 分清楚must、want、give

在談判理論中，有分「must」、「want」和「give」。有哪些東西是你的must？你非要不可的，就是你的must；哪些是你的give？你可以放出去，在談判中買交情的，就是你的give；處在must跟give中間的，則是你的want，want就是我想要的，但不見得我在談判中一定要得到。要談判，你就要先分出來你的must、want與give分別是什麼。

如果是自己一個人的談判，那當然可以自己決定。但如果你是代表公司談判，那就要釐清誰可以決定哪些是公司的must、want、give。而公司內部是誰可以做出這些決定？是透過表決，還是看誰講話聲音比較大來決定？如果都不是，在這樣的情況下，可能公司內部也要談判了！

假設今天我是公司的採購，我要跟供應商談判，我的must會是哪些？作為採購，最重要的當然就是買進來的價格，而且老闆可能也會用我買到的價格來評估我的表現。所以，當我是名採購時，我可能會去「悶」對方，意思是我先不對供應商表態我是否真的要買，因為我覺得這樣「悶」對方說不定會談到比較好的價格。

但進一步的問題是：作為採購，購買一個原料回來，這個原料是要給使用者使用的，而我的使用者可能是工廠，工廠拿原料去生產，生產出來的成品再交給我公司的客戶。在跟供應商談判的時候，我在「悶」他，遲遲不表態我到底買不買，然而在後端等著要用這些原料的工廠人員，會不會因為時間拉長而感到緊張？對他們來說，他們不在乎你是用多少錢買來原料，他們只希望你盡快，讓他們有時間可以開始生產，交貨給客戶。

所以，當採購去「悶」的時候，如果使用者、廠長在著急，在這個情況下，是不是採購跟急需使用原料的工廠之間就會發生衝突？那這時候，老闆就必須決定，現在我們的資源要備在哪裡？我們的寡在哪裡？或者是不是得先在內部談判，內部各方達成共識以後，先安內再來攘外呢？這就是我們在釐清must、want、give時的第一個重點——「誰決定」。

(四) **must、want、give**是會變動的

我可能在今天認為這事情非常重要，因為我沒有其他選擇，但是隨時間漸漸發展，別的選擇可能會隨之出現，或是整個情勢慢慢改變了。導致我過去認為很重要的事情變得不是最重要的，因為我發現有另外一件事情變得更重要，值得我花更多的時間去處理，所以我就決定先擱置原先這件事，那既然我可以擱著它不馬上解決，也就表示它的重要性相對就降低了。

所以，在我沒有其他選擇的時候，某件事很重要；可是一旦我有別的選擇，那它就不是那麼重要了。我很急著要做到這件事情的時候，它很重要，但可能有其他事情忽然插進來，原來的事情反而可以暫時擱置一下。既然他可以先擱置一下，就表示我不急著處理。也就是說，它本來是我的must，後來隨著事情發展，它變成我可以放掉的事情。這就表示：must、want、give是會隨時變的。

(五) 不要去猜對方的**must、want、give**，而是用「試」的

不曉得各位有多少談判經驗，但是你越有經驗，你就可能會越倚賴你的經驗，你越

倚賴你的經驗，反而會發現你想不通，因為你會認為他一定就是要這個東西，但他為什麼要這個？他不見得真的要這個東西啊！按你的想法，你認為他要，但他事實上不見得要。所以，我們要做的不是去「猜」他要什麼，而是去「試」他要什麼。我們可以用很多的方案去試探他，探他的喜好，探他到底要些什麼。

談判重點

- 你不可能什麼都拿到，因為「無所不備，則無所不寡」。
- 先釐清我們「到底要什麼」，然後根據所釐清的must、want、give，擬定我們的談判策略。
- 當你決定要什麼的時候，可能內部會有不同的意見，你需要先處理這些分歧。
- 情勢會不斷變化，原來是must的東西，不見得永遠都是must。
- 要根據情勢的變化來調整我的戰術、戰略。

04 天者，陰陽，寒暑，時制也
如何定義「好的」談判時間？

兵法解讀：現在是「好的」談判時間嗎？

(一)天者，陰陽，寒暑，時制也

孫子說：「天者，陰陽，寒暑，時制也。」（〈計篇第一〉）孫子講到天，他講的是陰陽、寒暑。如果說通曉國學，那你可以在剛剛那句中看出來，春秋時代兵法受陰陽學的影響很大，而這裡「陰陽，寒暑，時制」中的「時制」就是「時間」。

(二)上雨水沫至，欲涉者，待其定也

孫子在〈行軍篇〉裡說：「上雨水沫至，欲涉者，待其定也。」這句話非常非常有意思，「上雨水沫至」就是：我今天要過河，我這裡雖然沒下雨，但是上游在下雨，而上游下雨，水勢湍急流至，那我就會看到河裡有很多泡沫。這些泡沫一路沖過來，而水又湍急，就帶來更多的水、產生更多的泡沫，所以泡沫很多就表示了水很急。倘若水很急，那「欲涉者，待其定也」，也就是想要過河的人要等一下，等到水逐漸穩定了，那時候再過河。當水的水勢趨緩穩定了，就表示上游的雨可能已經下完了，那這時候我再過河就不會有危險。

所以「上雨水沫至，欲涉者，待其定也」這句話的意思是：時間關鍵在於「待」，也就是碰到事情不要立即反應，要等一下，等一下再做決定。

談判跟打仗一樣，都要「看時間」。這裡講的不是迷信，不是看「時辰」，我們看的是「時間」。在《孫子兵法》裡有很多談到時間的內容。談時間，有隱性的講法，也有顯性的講法。隱性的講法可能是將時間的元素藏在兵法的字裡行間。當我們談到那段

兵法時，如果發現字裡行間裡有時間的元素，我會幫你點出來。顯性的講法就如前面我們談到的：「天者，陰陽，寒暑，時制也。」（〈計篇第一〉）。

陰陽與寒暑，其實就是指「季節」。在四季中現在是淡季還是旺季？在這個季節談判好不好呢？我們常常講在春天雪融之前，在冬天冰封之前，這就是因為季節會影響到談判。在春天雪融之前、在冬天冰封之前，就是要在冰封之前趕快談，所以它在這裡就有一個隱含的期限壓力。這個時間可能對我們不利，那我們就要趕快談，「陰陽，寒暑，時制」這是在說這一點。

事實上，我們還可以再放大一些來看：在談判的時候，我們要是早上談、下午談，還是晚上談？有些人是夜貓子，要他早上起來比登天還困難，也有人中午吃過午飯後就呵欠連連，也有人晚上八點鐘以後不能做事，否則晚上神經亢奮反而睡不著覺。這些都是所謂的時間啊！

陰陽、寒暑或是日夜，你要在什麼時候談判才是好的？《孫子兵法》在談這些時間的時候，他先講到了天，而這就給了我們一些啟示。但是在「天」之下，要怎麼看陰陽呢？其實就是日夜、寒暑。那在這裡面有沒有什麼特別需要把握的時機？這個想法其實抓到重點——最重要的時間是哪一個。

實戰應用：掌握時間的觀念，選擇最佳的談判時機

(一) 避免反應太快

我們常常會有這種毛病，遇到事情情緒容易就上來了，不管是見獵心喜或是很生氣，自己都還沒釐清，就反應給其他人。例如，看了文章標題，覺得某人可能會有興趣，我就馬上轉傳訊息出去給他，等下次見面他提起，全然無印象，自己也搞不清楚當時到底做了什麼——這種做法就是「反應太快」。

尤其現在訊息流通快速，假消息尤其多，更糟糕的是「deep fake」（深層的假消息，深偽），就是我們常翻譯的「變臉」、「換臉」。你看到有人在講話，但事實上那根本不是他在講，他的臉是ＡＩ模擬做出來的，連嘴型都可以配合。所以，以前我們常常講說「眼見為憑」，但自從「變臉」這種科技出來之後，眼見並不一定為憑，「seeing is not believing」，因為你看到都不見得是真的！

如果我們看到的都不見得是真的，那為什麼要急著做出評論呢？你看到某些事情值得你評論，但可能那些東西根本沒有發生過。碰到這種時候，我們一定要想辦法冷靜

「讓子彈飛一下」，不要急。因為當我們在談判的時候，如果沒有抓到好的時間，我們「砰」一下祭出一句，就收不回來了！

如果話一講就收不回來，那我寧可先不講話多觀察，看看別人講些什麼，細察他們有什麼別的反應，我再據此決定下一步該怎麼做。要不然，我一句話反應很快地講了出去，他們便一口咬定那就是我的想法，我也收不回來，因為他們認為你最直覺的想法最真誠，所以我的話一講出去，不只收不回來，我連轉都沒辦法轉。

(二)引爆衝突前點一下

在商業談判的時候，我們也常常在講：要不要選擇這個當口引爆衝突？我想提出這個要求，那我現在就應該提出這個要求嗎？還是我要假意或若無其事地旁敲打一下對方，讓他警覺到這點，而非馬上翻臉。

談判中有很多類似這樣的方法，我就「點一下」。比如說「明知故問」就是這種方法。我明明知道但我故意問，或者我故意問非常專業的問題，展現出我的本事，畢竟如果我沒有些底蘊，也問不出來那麼專業的問題——這叫明知故問。

明知故問就是將問題提出來，然而稍微「點一下」對方便足矣，不需要立即反應，因為「點一下」對方就可以達到我的目的，而且要是我馬上反應，可能反而做出錯誤的反應。所以，我們不要馬上談判，而是敲打一下，看他的反應怎麼樣，他的反應說不定會帶出新的有用資訊，我就可以再根據這些訊息決定我下一步怎麼做。所以要謹記：「上雨水沫至，欲涉者，待其定也。」

在這一章中，我們講了「兩個時間」：第一，「天者，陰陽，寒暑，時制」，這是大環境的一個時間；第二，「上雨水沫至，欲涉者，待其定也」，這是告訴你要克制衝動，等一下再決定，因為不是任何時候都適合談判，這是我們在時間上的重要考量。在後面幾章，我們還會再考慮不同的時間，哪些時間和布局與引爆衝突有關，而在這裡我們先講一個比較簡單的時間，先掌握到時間的觀念。下一章，我們將把時間延伸出來，看不同狀況中的不同時間又是什麼樣貌？

談判重點

- 時間關鍵在於等待，碰到事情時不要立即反應，要先緩一下再做決定。
- 時間範圍很廣，同時包含日期與時辰，選擇對自己有利的時間談判。
- 話一旦說出口便很難收回，因此尤其要謹慎。
- 懂時間布局就可以掌握衝突引爆的時機點。
- 選擇突破口，也可以先從「點一下」對方開始做起。

05 知可以戰與不可以戰者勝

引爆衝突的時機與回應的時間

兵法解讀：除了籌碼更需要掌握時機

前一章提到談判過程中我們可以選擇等一下，讓子彈飛一下之後再回應。在這一章，我們將更深入的討論：如果我在談判中要引爆衝突，要怎麼看引爆的時機與回應的時間。像是我要選擇什麼時候引爆？或者對方可能會在什麼時候引爆衝突？或者對方引爆衝突之後，我們應該在什麼時候回應？在這裡其實有三個層次的問題，而我們也可以在《孫子兵法》中得到對這些問題的啟發。

(一) 知可以戰與不可以戰者勝

《孫子兵法》在第三篇〈謀攻〉篇談到：「知可以戰與不可以戰者勝。」戰爭能不能取勝呢？孫子為此列出了幾個要點，其中一個即是「知可以戰與不可以戰者勝」——我如果知道什麼時候可以進攻、什麼時候不能，能夠分清楚能打與不打的時機，這樣子我就很有機會獲勝！

「知可以戰與不可以戰者勝」，其實講的就是你的籌碼，而你的籌碼就是「你今天能戰還是不能戰」。你有籌碼提出要求嗎？你的籌碼有這個分量嗎？在談判的時候，常常講我們有多少籌碼，就提出多少個要求。今天我的籌碼只夠提出一點，但我卻要求了五點，那結果當然達不到我的要求。所以，第一個考量便是「知可以戰與不可以戰者勝」。

除了籌碼之外，我們還要談「時機」，也就是我應該什麼時候去引爆呢？《孫子兵法》在第七篇〈軍爭〉篇裡面說：「故善用兵者，避其銳氣，擊其惰歸，此治氣者也。」

「善用兵者」就是會打仗、帶兵的人，而會打仗帶兵的人必須要「避其銳氣」，也就是要避開對方的鋒銳之氣。對方可能新官上任三把火，那你就要「避其銳氣」，不要正面直接地對抗他。「擊其惰歸」，「擊」是攻擊，「其」就是「他」，而「惰」就是「懶惰」。在這裡的「懶惰」是什麼意思呢？就是「懈怠」。「避其銳氣」直到對方懈怠氣衰的時候再攻擊。「此治氣者也」，「治氣」所指的就是掌握軍隊士氣的方法。

因此，「善用兵者，避其銳氣，擊其惰歸，此治氣者也」意思是：當對方新官上任三把火、雄糾糾氣昂昂的時候，不是引爆衝突的時機，這個時間是不對的。

(二) 知戰之地，知戰之日

《孫子兵法》在〈虛實〉篇裡面談到：「故知戰之地，知戰之日，則可千里而會戰。」

「故知戰之地」就是我們要知道戰爭的地點；「知戰之日」，要知道戰爭可能發生的時間；當知道時間地點之後，「則可千里而會戰」，我們的各個部隊就可以集結會合在這個時間地點決戰。

「不知戰之地，不知戰之日」，如果你不曉得對方什麼時候可能發動戰爭、不曉得對方在哪個議題上會發動，那麼一旦他發動戰爭，你一下子就會忙亂了，前後首尾相救不及，一團混亂。

這就是孫子接著講的「不知戰之地，不知戰之日，則左不能救右，右不能救左，前不能救後，後不能救前，而況遠者數十里，近者數里乎？」（〈虛實〉篇）你左右都不能相救，前後也不能相救，援軍可能更在數十里之外，而就算最近的也是數里之外，都來不及救你！為什麼會產生這種狼狽不堪的情況呢？正是因為你沒有算到他會在這個時間、這個議題上引爆衝突。

(三) 以治待亂

《孫子兵法》在第七篇〈軍爭〉篇講到：「以治待亂，以靜待譁，此治心者也。」「以治待亂」，就是我將自己部隊統治管理得非常好、治軍非常嚴整，進而等待敵人的混亂。我非常沉著冷靜地等待他的喧嘩，當他沉不住氣，他就會喧嘩混亂。「此治心者也」，而這就是掌握心理的方法。

實戰應用：算準引爆點，避免讓人失了面子，自己慌了手腳

(一)什麼時候引爆衝突最洽當？

過去曾經有過這種情形：甲公司把乙公司合併、併購了以後，甲老闆要到乙公司去開會，宣布一些人事布達與政策。

乙公司的工會跑來告訴我：「老師，其實我們非常不贊成甲老闆在甲公司的一些政策，我們很害怕他將這些政策也帶來我們公司，所以他明天來的時候，我們決定給他下馬威，可能鬧會場，提出一些要求，給他難堪，讓他知道我們乙公司的工會，不是那麼容易應付的，他必須要拿出誠意來對待我們。」

我的回答是：「這樣不好吧。」為什麼？我當時就是拿這句話告訴他們：「避其銳氣，擊其惰歸。」他今天新官上任三把火，有銳氣，當他在這邊立威的時候，你給他下馬威，如果他剛上任立刻就妥協屈服了，請問他要怎麼維持將來的領導統御、管理的威信呢？

當屬下要跟長官談判的時候，有個重點要把握：你要護著長官的面子，跟他換裡

子。這樣做的理由是什麼呢?理由就是當長官如果輸掉裡子,他只輸一次,但是當他輸掉面子,他的領導統御卻會整個崩潰。長官重面子的程度一定超過裡子,所以我們要護著他的面子,跟他換裡子,這樣才能減少長官讓步所付出的成本,也就是你要讓他敢輸。

如果你在他新官上任第一天,你就給他下馬威,給他難堪,你反而既沒給他裡子,也沒給他面子,那你們的關係以後要怎麼維持、怎麼重建呢?由此來看,就可以明白選擇衝突的時機不對。所以,要在什麼時候、什麼時機引爆衝突,我們要好好考慮。

(二)對手的可能引爆點

另外還要考慮的是:對方可能會在什麼時候引爆衝突?以及對方可能在什麼事情上引爆?這就是前面談到的:「故知戰之地,知戰之日,則可千里而會戰。」

像是勞資衝突的時候,工會想要罷工,但是依照法令規定,在罷工之前還要再做最後一次協商,再給彼此一個機會,看能不能在協商時就達成協議,不需要走上罷工之途。

當時立法的構想很好，因為對勞資雙方來說，罷工可能是雙輸，如此罷工的訴求就好像變成「山雨欲來風滿樓」，壓力會在雙方身上，所以最後再協商一次看看，還有沒有其他方法可以補救。

雖然立法設想如此，但很多工會並不是這樣想，他們認為：既然取得了合法的罷工權利，罷工所需的一應道具也都齊全了，不如就罷工後再談，說不定可以談到更好的條件。畢竟箭在弦上最後卻不發也不太可能，在那時候，罷工彷彿已經有自己的生命，已經很難停下腳步。

反過來說，當你是資方，你也該預料到罷工前的最後協商是不可能會成功的。不可能會成功是什麼意思？因為戰爭可能就會發生在這一天！但比較難算的是對方會在哪個議題上引爆，這個就叫作「知戰之地」。

我們要計算的不只是我們應該什麼時候引爆衝突，也要推算出對方可能引爆的時間。所以必須根據當時的情勢，依照對對方的了解來進行判斷，不能夠認為這些事「怎麼可能」會發生，因為這些事就是有可能發生！因此，要掌握的時間，不只是我選擇的時機為何，還有對方選擇出手的時機是什麼。

(三)何時該回應對手的要求？

最後還有一點要談的就是：在對方提出要求之後，我要什麼時候回應他？回應，也是一個關於時間的選擇。

在談判上，有一招叫作「悶」——不要馬上回應對方的要求，不要馬上回應對方的提議，但可以保持態度溫和、立場堅定。比如說，在談生意時，當對方報價後，我不馬上回應，或者今天談到某個階段，我以採購出國或其他原因作為理由，而不立刻回應。在沒有給予回應的時候，我就觀察對方沉不沉得住氣，在僵持時，是他會急著找我，還是反而是我會急著進行後續？藉由這個方法，可以看出到底是誰有求於人。

《孫子兵法》對這招的講法就是「以治待亂，以靜待譁」。我非常沉靜地等待他沉不住氣地喧嘩，但凡他無法沉著或戰勢崩潰掉，就是我的勝利，所以我也不需要太快回應。

談判重點

- 思考引爆衝突時機點，須將主管的情形考慮進去。
- 手上持有多少的籌碼關乎是否能出手談判。
- 對方提出要求須冷靜，不急於一時做出回應。
- 「等多久」叫作「時間」；什麼時候引爆叫作「時機」。
- 掌握自己的時機還不夠，必須算準對方出手的時間點。

06 明君賢將，所以動而勝人，成功出于眾者，先知也
蒐集情報的重要

兵法解讀：洞燭先機，搶先對手取得情報

前一章我們談到時機，而時機的選擇可以再細分為兩個方面：「內省」與「外求」。

「內省」就是要檢討、反省自己。我要了解自己現在的分量是否足以提出這個要求？有些人可能覺得自己很有分量，認為老闆很需要他，他對公司來說是個不可或缺的人才，而既然占了這麼重要的位置，就理當可以提出比較多的要求。結果沒想到在提出

要求後，才發現原來這一切都是場誤會，自己並沒有想像中那樣了不起。所以，內省是要在內部思考，思索自己有沒有足夠的分量。

「外求」就是站在外部去判斷現在這個時機，對方有多需要我？他有沒有時間壓力？他是否需要我手上的東西？當他需要我手上的東西，或是他必須要跟我談判的時候，我就有了談判的籌碼。另外像是對方內部有沒有分裂？內部有沒有不同的意見？如果他們內部意見不一，在這之中有沒有能借力使力的槓桿？這些考慮統統都要倚靠情報，並不是我在家裡買本兵法書翻閱，或對著天花板想就可以學會的。我必須要接觸對方，要蒐集情報啊！

《孫子兵法》的第十三篇正是〈用間〉，而「用間」就是「運用間諜」。非常有意思的是，《孫子兵法》的第十三篇剛好跟第一篇相互呼應——第一篇講的是「計」，也就是在上桌談判前的各種計畫、籌謀，但計畫不是隨便計畫的，必須要蒐集情報！所以十三篇〈用間〉的「蒐集情報」恰好呼應到第一篇計篇的「計」。

(一)成功出于眾者,先知也

情報有多重要呢?孫子在〈用間〉篇中說道:「明君賢將,所以動而勝人,成功出于眾者,先知也。」

「明君賢將」,或許你會想到以前所講的「明君賢『相』」?但孫子在這裡講的是「明君賢『將』」。明智的國軍、賢能的將帥,之所以一出兵就能戰勝敵人,是因為他們「動而勝人,成功出于眾」。「眾」就是群眾、大眾,也就是說,你的功業、成功超出眾人,而導致出眾最主要的原因就是你的「先知」。這不是說你未卜先知,而是你能夠預先掌握情勢,預先察知敵情,這就是「先知也」。「明君賢將,所以動而勝人,成功出于眾者,先知也」意思就是:你要預先知道,你要比對方預先知道一點。

更有意思的是,雖然說要「先知道」,但當然我們不可能完全知道。我們在前面也講到,談判有一個很重要的一個特色,就是「不完美的資訊」,沒有人能夠宣稱它有百分之百完美的資訊。所以,我們講「先知」,並不是要完全知道,百分之百知道,這怎麼可能呢?「先知」只是要知道一部分,或比對方多知道一點點,而我據此先行動。

前美國國務卿鮑爾將軍(Colin Luther Powell)曾經講過,如果你有一分的資訊就等於有一分成功機會的話，那假設一比一來看，當你有百分之三十的資訊時，採取行動時候的成功率就是百分之三十至百分之七十；這樣來看，你沒有掌握到百分之三十的資訊卻開始行動的話，就是盲動；可是如果你掌握到百分之七十卻還沒有開始行動，這就太晚了，天已經大亮了，大家都上路了，哪裡輪到你呢？

所以，當我們掌握了一部分資訊，我們就要開始行動。我們在這裡談的是掌握情報的「先後」，而不是講掌握情報的「多少」。

(二)先知者，必取于人，知敵之情者也

要如何掌握情報的「先後」？在《孫子兵法》中，「先」要靠「用間」，而談判的時候也是如此。例如，要是我們預先知道對方缺少什麼，我們就可以先開始生產那個東西，或者我們可以根據過去各種案例，看對方可能會有什麼反應。

那所謂「先知」是什麼意思呢？《孫子兵法》接著講到：「先知者，不可取于鬼神，不可象于事，不可驗于度；必取于人，知敵之情者也。」（〈用間〉篇）這段話意思是：「先知者，不可取于鬼神」，能預先知察敵情的人，不可以求助於鬼神迷信；

「不可象于事」就是不可以比附表面類似的事情；「不可驗于度」則是指不可以用天象的度數來推演吉凶。「驗」是實驗的「驗」、檢驗的「驗」；「度」就如度量衡，我去測量這個地方的大小、狀況；但是不是測量出來的結果就一定會發生？當然不是；最後「必取于人」，意思是我們必須從人那裡取得情報。他之所以講「用間」，就是要從人身上取得情報；「知敵之情者也」，這樣才能知道對方的情勢，而在談判中，這些情報極為重要。

實戰應用：談判前不可能完美蒐集情報，但可以在談判過程中找到線索

(一) 掌握自身狀態的小技巧

以前曾有人講談判，講到有點走火入魔了。他說談判時要根據陰陽五行來決定所坐的方位，以及所穿衣服的顏色。當然，如果你很相信，增加信心、增強心理武裝也是件好事，可是如果沒有籌碼，就算坐對方位、穿了正確顏色的衣服也沒有用。至於有人會尋求「求神問卜」的幫助，我倒覺得這個方法沒有太大的幫助，也沒有什麼必要。

我覺得唯一重要的是：在談判的時候，要注意吃的東西，而不是穿的衣服，因為有些人在談判的時候會很容易緊張，會想喝水，這時要注意不要吃壞肚子。有些健康雜誌也有特別討論談判的時候要吃什麼東西。

以前也有商界前輩跟我說，當你知道跟對方談判會談得比較久的時候——也許是比較難處理的談判——他可能沒有時間喝水，那他就會想辦法吃口香糖，因為這樣他就不用喝水，也就不太會在談判時想上廁所。也有人跟我講，如果談判會談得很久，為了不讓血糖變得太低，可以在包包裡放個巧克力或其他簡單小點心，讓自己能夠快速恢復體力。這些都是可以學習的小技巧。

(二)不要比附表面類似之事

我們常常研究別人談判的案例，藉由他人的案例，可以從他的談判方法、解題模式，刺激自己的思考，這是對的，可是如果要完全重複他的做法照抄，其實是不太實際的。所以前面提到「不可象于事」，就是說我們不能單單比附於表面類似的情形來進行思考。像是美國今天從阿富汗撤軍，所以以後別的國家也會這樣做嗎？其實不一定！

馬克・吐溫（Mark Twain）曾經講過一句我非常同意的話：「歷史是不會重複的，但是會押韻。」也就是說，一件事不可能百分之百重複，因為它們所處的各種主客觀條件都不一樣，怎麼可能會重複呢？可是它們有些神韻會像，有些韻腳會一樣，有些同樣的習慣可能會出現——它們會「押韻」。

這並不是說以前的案例完全沒有用，如果完全沒有用，我們就不需要講案例了。但也不是說要完全照抄、重複以前案例中的做法，因為不同事情的主客觀條件都不一樣。在兩千年前，孫子就告訴我們「不可象于事」，不可比附表面類似的事情。

(三)了解假設跟事實中間是有差距的

從前我在上海上課時，有一個學生談到他買房子。在買房子談判的時候，我們常說有人如果先出了價，便會影響你的期待，這就是所謂的「下錨」。他說：「老師，我不會受到對方先出價所影響。因為我事前已經做過充分的調查，知道這邊的行情多少、實價多少、成交價多少，房子的本錢等等情報。我做了非常詳細的調查，我做了很好的準備，所以我不會因為他的開價而受影響。」但我說：「你這樣做的問題在哪裡呢？就在於：雖然你做了很好的準備，但是你也可能就毀在這裡。因為你完全按照你看到的數字去推測他的可能反應。」這正犯了孫子所講的「驗于度」的錯誤。

讓我們用這例子回頭來看「不可驗于度；必取于人」，這句話到底什麼意思呢？也許你完全知道這地區房子的實價登錄、行情，但這個人可能不只考慮這些情況，他可能因為一些個人因素急著脫手，所以要賣掉房子變現。人總有很多不同的個人原因，導致他開的價錢和你知道的實價登錄或行情價不同。不能夠只看到冷冰冰的數字，而沒有考慮人的溫度。

這句話還有一個更深刻的意思——「取于人」是什麼意思？「取于人」就表示「要接觸對方」！一則可能是我要派間諜去接觸他；二則可能是我在談判開始的時候，要跟他有所接觸。

我們常常會以為在談判以前，我必須要把資料蒐集到非常完美。前面我也講過這是不可能的，因為我認為他怎麼樣，只是我的假設而已，假設跟事實中間是有差距的。

我可能假設他沒有退路，但說不定他有退路呢？我假設他應該會這樣，但也許他並不會這樣呢？很多認為都只是假設，能接觸到的事實，像是可以具體看到對方公司的大小、他有幾家分公司、他的存貨狀況如何、底下員工素質怎麼樣。至於他會怎麼做，就是假設。很多時候，我的資訊是不完美的。那要怎麼辦呢？這就要在談判中蒐集情報了。

在談判之前，蒐集情報雖然不可能完美——像鮑爾國務卿所說的，有百分之七十的情報就要行動了——但行動了以後，我也可以在與他接觸之中，從他的互動、講話，在談判桌上的一來一往，蒐集後面的情報，這同樣是「取于人」。

所以我們不能光把孫子講的「取于人」，只說成衛星偵察或是派人去當間諜，事實上在彼此開始互動之時，也是「取于人」。這樣才會曉得我該怎麼準備，我也不會過度自信、盲目地就去談判，而總是要做到恰到好處，才能做出最好的規劃，然後談到我所想要的結果。蒐集情報做得好，也才能夠呼應前面幾章所談到的時機選擇，這也給了我們一些啟示！

談判重點

- 談判要接觸對方，取得情報而非空想。
- 你所認為的與實際狀況中間必有出入。
- 在彼此開始互動之時，就是「取于人」。
- 研究過去的案例是可行的，但切莫只是一模一樣抄襲做法。
- 資訊不可能完美無缺，談判過程中也需要進行蒐集。

第二卷

談判的籌碼與戰前布局

07 能使敵人自至者，利之也

什麼是籌碼？

兵法解讀：談判前的籌碼盤點

什麼是籌碼呢？以孫子的年代，他當然不曉得我們現在二十一世紀所講的「談判籌碼」，但有些概念是是重疊的。

我們講的談判籌碼是「我有什麼東西是對方要的」，而這就牽涉到什麼叫作「東西」？它可能是實體的存在、行為、資訊、特殊專業或人脈關係，這些都可能是對方要的「東西」。

這個想法就符合《孫子兵法》所講的「利」。基本上孫子是屬於「齊學」——孫子是春秋末期齊國人，而齊國重商面海，因此齊國的思維講的是「利」。齊學跟儒家不太一樣，儒家會說仁義，「孔曰成仁，孟曰取義」。我們前面也講過，在這裡講的「利」，並不是勢利，而是務實。

(一)能使敵人自至者，利之也

《孫子兵法》在第六篇〈虛實〉篇裡說：「能使敵人自至者，利之也。」能夠使敵人「自至」，能夠使敵人自己跑到我這來，就是因為來到這裡有利。「利之也」，就是我們在談判的時候，要怎麼讓對方跟你談？你要誘之以利。人們常說在談判桌上有兩個力量：一個是增加他不談判的成本，這是一個推力，把他往桌上「推」；另外一個則是增加他跟我談判的效益，這是一個拉力，把他往桌上「拉」。《孫子兵法》這一段講的就是拉力，「能使敵人自至者，利之也」。

(二) 見利而不進者，勞也

〈行軍〉篇中說：「見利而不進者，勞也。」這句話的直接的意思是，一個人見到利益而不前進，那就表示他很疲勞。孫子說給他「利」卻沒有反應，那可能就是疲「勞」了，因為人看到對自己有利的事情通常會往前衝，然而他沒有，就表示對方已經疲憊了，所以看到對他有利的東西才沒有往前衝。

然而對這句話我有一些保留。這句話可能正確，但是也有可能是因為對方根本不認為那是「利」。所以，在這件事上，我們可以有多一個角度、多一個面向的思考。孫子說「見利而不進者」，是因為「勞」，可是我認為還有另外一種狀況：你認為那是「利」，但他根本不認為那是「利」。

在〈行軍〉篇孫子也講了很多，要怎麼由對方的些許跡象猜測他是不是疲累了，是不是內部有不同的意見等等。孫子要教你的是見微知著，教你怎麼去觀察對方，然後再去判斷他可能發生了什麼狀況。

(三) 非利不動

孫子也要你非常非常小心，他在第十二篇〈火攻〉裡說到：「非利不動，非得不用，非危不戰。」「非利不動」就是要看到「利」時，才能動；「非得不用」要看到有「得」時，才能用；「非危不戰」，要面臨危險、危機時，才能戰。

這一句話其實也可以和我們第一章談到的「兵者，國之大事」相互呼應。孫子基本上是反戰的，他並不好戰，但他告訴你打仗並不是兒戲，所以他說「兵者，國之大事」。除此之外，孫子也告訴你，不要輕易地衝動行事，有些時候你應該「不做」，像是「主不可以怒而興師，將不可以慍而致戰」，這就在叫你「不做」。

那什麼時候「做」呢？我現在知道我要克制自己不要衝動，那到底什麼時候要做呢？孫子給的指標，在他整個思想體系裡面，就是「利」——「非利不動，非得不用，非危不戰。」我之所以採取行動，是因為有利益；我之所以採取行動，是我覺得我有得；我之所以要打仗，是因為我面臨危險、危機了！

實戰應用：你給的籌碼是對方想要的嗎？

(一)你給的有沒有對接到對方的需要

這一章中我想提醒各位：談到「利」，更重要的是這是誰的「利」？有時候你認為是利的東西，對方並不認為是！

有人可能會說：「我東西那麼棒，他為什麼不買呢？」當然，你的東西很棒，但他不要！他不要的原因可能是因為你不太會說服、沒有切中他的要害、宣傳功夫做不足、沒有對接到他的需要；也可能對方之前需要，但現在不要了，你找上他的時間不對等等……。你很棒，這是你自己認為的，但他是不是也這樣想呢？

有一個成語叫「物美價廉」，我們過往學習這個成語只知道意思是東西好而且價錢便宜，但從前老師們講「物美價廉」時，多半都忘了講：「物美價廉是誰認為的？」要對方認為物美價廉才是物美價廉，而不是我作為賣方說物美價廉，那是老王賣瓜。

有人說：「哎呀，我們在談判的時候，要跟對方建立夥伴關係，我們共享一簾幽夢」。「共享一簾幽夢」這句話本身有語病，因為不是共享一簾幽夢，而是你要去做他的夢，你要作客戶的夢——你的東西能對接到他的需求，他才會覺得跟你談是「利」。有時候你可能要花點時間去說服他，但是你必須要曉得「利」在哪，那麼就「能使敵人自至」，這便是前面提到的：「能使敵人自至者，利之也。」

舉個例子來看，二〇〇二年，我曾經在上海浦東給西門子移動通信公司上課，那時我問採購經理：「你們跟別人談判的籌碼是什麼？是價格很好嗎？還是你的付款方式很好？」對方都回答沒有，最後他說：「籌碼就是『西門子』這三個字！」對方可以作為西門子的供應商，在這點上跟對方談判，整個立場就抬升起來了。所以成為西門子供應商的這個身分，既是籌碼，也是對方想要的。所以在談判的時候，你有什麼東西是對方想要的呢？

在談判時，有些成語其實有語病，就像我們常講的「拋磚引玉」，可是在談判桌上，磚絕對引不出玉，玉才引得出玉。如果不相信？那想想看如果我給你一個磚，你得還我一個玉來看看。所以，我們應該讓利給對方，希望他有所回報，在這之中存在一個對稱關係，也就是：磚引不出玉，因為磚只能引到磚，而玉才能引到玉。

可能有人學了會回來跟我抱怨：「老師，你說玉才引得到玉，那為什麼我拋出去玉，還是引不回來玉呢？我覺得這樣已經很對稱了！」我跟他說：「你可能拋出來的是玉，但是你記不記得我前面講的，你認為是玉的東西，他不認為是玉啊！你認為事情很重要，但他可能不覺得啊！」

這裡欠缺的工夫是，你給的東西沒有對接到他的需要，或是你沒有做好說服的工作，讓他覺得他需要你的東西。換句話說，這個工夫可以分成幾個層次：第一，我不知道他需要什麼，所以給予的東西根本沒有對接到他的需要；第二，我沒有說服他相信，他需要我提供給他的東西。

這個工夫是必要的，不然你會無法符合他的需要。你不能一下就丟出來一個你認為很了不起的東西，然後抱怨說，我拋玉為什麼引不回來玉？因為你拋的東西，對方不認為那是玉。這就是孫子所說的「見利而不進者」，他看到「利」而不前進，可能是因為他很疲勞，但其實也可能對他來說，你提供的根本不是「利」。

這裡也可以呼應到孫子「非利不動，非得不用，非危不戰」這句話，在談判上，要注意的有兩點。第一，「非利不動，非得不用」，也就是說：我今天跟你談判，我總要知道我談了有什麼好處，有什麼利益，能得到什麼。所以「得」是什麼？就是「效益」，是把我往談判桌上拉的力量。第二，「非危不戰」，那在談判中的危險是什麼呢？就是「成本」。在成本效益的考量下，如果不談就可能會有危險，那我就非得行動不可，這是把我往談判桌上推的力量。

(二)從兩方來看

最後我們做個小結：在這我們可以從兩個方向來講：從我這邊來看、從對方那邊來看。

第一，從我這邊來看：如果我們想吸引對方來談，就必須給他一點甜頭，給他遠景，給他期待，這就叫「能使敵人自至者，利之也」。此外，當我給他期待、甜頭與遠景的時候，我必須知道這些東西他必須也要覺得甜；他如果覺得不甜，就算我給他，他可能也不會前進。

第二，如果從對手那邊來看呢？對方會怎麼決定要不要前進？上不上桌談判，其實都是成本效益的考量。不談，會損失什麼？談，會得到什麼？我總要認為會得到東西，我才會上桌談判，這就叫「非利不動」。只要能夠抓到這個原則——什麼叫利、人為什麼會行動、為什麼會上桌談判——然後你再根據這個指導原則、框架，去找你的籌碼。

你的籌碼得讓他有「利」，得讓他感覺到「危」，你或可以賞他，或可以罰他，但你總有本事，才能讓他願意上桌跟你談判。

「利」這個字，貫穿了《孫子兵法》，成為它的精神，幾乎每幾章就會看到「利」，而只要你能夠抓到這個原則，一則你可以讀到當年「齊學」，也就是《孫子兵法》整個思想的精髓，二則也可以讓你反思談判籌碼該怎麼找。

談判重點

- 要讓對手願意談判，必須提出他要的「利」。
- 拋磚引玉這句話在談判中並不正確，玉才能引出玉。
- 釐清談判桌上的「推力」與「拉力」。
- 「利」一字貫穿整部《孫子兵法》，也是談判的關鍵字。
- 提出的誘因不足以吸引對手時，換個角度讓他感受到不上談判桌的壓力。

08 勝兵若以鎰稱銖
盤點擁有多少籌碼？

兵法解讀：評估籌碼，彌補不足之處

(一)地生度，度生量，量生數，數生稱，稱生勝

前一章我們討論了「什麼是籌碼」，也就是你有什麼東西是他要的，而接下來我們要談的是：在知道什麼是籌碼之後，我要怎麼評估我有多少籌碼、我能夠投入多少金錢、多少時間，甚至多少感情。講得簡單一點，就是在這個項目或案子上，我能夠消耗多久？我有本事消耗多久？

孫子兵法在〈軍形〉篇裡面給了我們很多的啟示：「地生度，度生量，量生數，數生稱，稱生勝。」這句話，如果說是純作戰的話，那講的是國防經濟；在談判的時候，則是盤點籌碼，先來看看這句話到底是什麼意思？

在《孫子兵法》裡有相生相剋的概念，這是受到是陰陽五行的影響——春秋時代重要的陰陽五行思維，生生不息、相生相剋：

「地生度」意思是雙方根據他的地，而有國土面積大小的差異，從地域來推論土地幅員的大小。

「度生量」指土地幅員的差異造成了物產資源的差異，所以「度」是土地幅員，而「量」則是你最後產的這個總量、數量。

「量生數」則是指雙方物產資源不同，所能產生兵員眾寡就不同，「數」在這裡是數目的意思。可能有人會問：「數量怎麼生數目呢？」但在這句話中，兩個數量是不同的意思——量是雙方物產資源的不同，數則是能產生的士兵員額眾寡上的不同，所以數量可以生出數目。

「數生稱」談的是因為數量有所不同，所以就導致權衡有所不同。在這裡「稱」是權衡輕重，但也有人說是指對稱平衡，表示要在數目彼此之間的差異上達成平衡。

「稱生勝」說如果有所平衡，或者我曉得輕重權衡的話，就能知道勝負。所以「地生度，度生量，量生數，數生稱，稱生勝」最後的「勝」，是勝利的「勝」。

(二) 勝兵若以鎰稱銖

孫子說：「故勝兵若以鎰稱銖，敗兵若以銖稱鎰」、「勝已敗者也」（〈軍形篇〉）。

孫子在「以鎰稱銖」中，介紹了兩個單位，「鎰」跟「銖」，他們的關係是：二十兩為鎰，二十四銖為兩。所以二十四銖才變成一個兩，二十個兩才變成鎰，鎰比較大。

所以他說「勝兵若以鎰稱銖」，也就是說今天打仗的時候，勝兵，就像是你擁有的資源比較多，你擁有的是「鎰」，鎰是二十兩，而對方只是「銖」，二十四銖才成為一兩，所以「勝兵若（如同）以鎰稱銖，敗兵若以銖稱鎰」、「勝已敗者也」，這兩句的意思就是：勝兵就如同一開始就有優勢，幾乎泰山壓頂之勢，那麼我當然就會贏了。

實戰應用：逆轉勝利的詭道

(一) 福田晃市的兵之道

前面我們解釋過了「地生度，度生量，量生數，數生稱，稱生勝」這句話。有些日本的兵法學家，如福田晃市，便由此談到處理客戶的抱怨。他有一個有趣的解釋：要如何賠償客戶，或要如何處理客戶抱怨，要考慮到我的位子讓我有多少職權。「地生度」原來是在說我所處地方的幅員大小，而這個日本學者由此衍生來說，以處理客戶抱怨來看，你要考量你現在所處的位置與職位權限，能夠提供多少附加價值給客戶。你所處的位置就是地方，而從這個角度來思考，你能夠給客戶多少東西，這就是度。

「度生量」是從土地幅員大小來推估資源多寡，看你的土地能夠生產多少東西。按照剛才前面的例子來講，就是你能夠做到什麼程度。如果我處在現在這個位置，我能夠給多少資源，多少數量？我能夠做到什麼程度？像是降價是降一次的話，那以後要怎麼樣給優惠？

「量生數」是由資源的多寡來推論我方兵卒數量的眾寡，也就是到底誰的兵比較多。那按照剛才福田晃市的例子來講就是：我如果能夠給優惠或降價，可以給到什麼程度？降到什麼程度？降的數字是多少？

那「數生稱」呢？這本來是在講權衡或是對稱平衡。以上面例子來看，在客戶抱怨處理上就是：我提出的優惠是這個數的話，那對方會不會認為我們吝嗇？

「稱生勝」則從軍事實力的優劣來推估戰爭的勝負。在這例子就是最後我能不能處理好事情？能不能夠勝？

總結他的講法就是：「地生度」，從我的位子，就是我所處之地，來衡量我能夠提供多少的附加價值，能夠有多少東西給客戶；「度生量」就是我能做到什麼程度；「量生數」，那這個程度換算成實際的數字是什麼；「數生稱」，對方會不會覺得這個數字不公平？如果能處理得好，那麼這個數就足夠公平，當然也就可以圓滿解決這個問題，這就叫「稱」、對稱，於是最後就可以「稱生勝」。

福田晃市的看法很有趣！他的看法的確也是一個觀念，也就是我們到底該怎麼盤點我有多少籌碼？我在這個位子該怎麼談？但如果盤點以後覺得不夠，或者我擁有的資源不夠怎麼辦呢？

這裡面有兩個觀念值得我們進一步討論。第一，談判其實不一定資源多者就能勝出，因為如果大國都能夠贏的話，那談判有什麼值得學呢？如果你在談判之前就能夠分出高下，就能夠預測甲比乙強，所以甲贏，那還靠談判做什麼呢？這麼一來如果你是弱的一方，想逆轉勝不就成了天方夜譚？

當然權力的大小會有影響，但那不是絕對的影響，因為我們還可以用一些戰術，像是虛張聲勢等等。我們使用這些戰術，就是在模糊我到底有多少籌碼，所以談判學者才會講到，實力越是懸殊的時候，就會發現我們越會運用戰術。於是光看靜態的籌碼權力大小就去預測誰一定會贏，很有可能會預測錯誤，因為權力大小越是不對稱，人們就越會用權力以外的方法、戰術來虛張聲勢。

(二) 詭道

我們不能光看彼此到底有多少籌碼，籌碼有一部分是可以裝出來的，所以這就是為什麼《孫子兵法》在〈計〉篇裡面講：「兵者，詭道也。」

「詭道」是什麼意思呢？「詭道」的詭是「詭計」的「詭」嗎？其實歷朝歷代很多儒家學者都在想辦法替兵家解釋說這個「詭道」不是這樣，其實孫子還是重視人道，這個詭、詭計，只是權宜之計。日本人也替孫子解釋，中國古代所說的詭計的「詭」，跟我們現在用法不一樣，那個「詭」只是「變化」，並不是狡詐，不是有很多詭計。

但我認為這些解釋都沒有必要，因為你不必替孫子解釋，你如果從儒家的角度替兵家解釋，不是滿奇怪的嗎？其實，孫子講的就是「虛張聲勢」，孫子講的多少有點欺敵的味道，他並不是重視人道或是在講「變化」，他就是在欺騙你。

在談判上，這種虛張聲勢、欺敵是可以接受的。我們雖然沒有足夠的籌碼，但我們可以虛張聲勢，讓我真正有的籌碼只有我知道，對方不見得百分之百知道，在這裡面就有了一點迴旋的空間。

更重要的是，當孫子說「勝兵（戰勝的兵）若（如同）以鎰稱銖，敗兵若以銖稱鎰」、「勝已敗者也」，這裡其實還有一個重要的觀念——權力是相對的，它不是絕對的。也就是說，我們不只是要「找籌碼」，我們還要「比籌碼」。因為談判是在人際間互動，既然是互動，就不能光看自己有多少籌碼。倘若要跟對方來比，就要知道我是強者還是弱者。用孫子的說法來講，可能我本來是非常弱的，我擁有的只是銖，二十四銖才變成一兩，但我可能是在跟弱者比，我有的是銖，但他的也是銖，而我有二十四銖，他只有二十銖，這時候當然是我強勢。

但這是在跟弱者比，我如果要跟強者接觸，我就是弱者，所以我不能光是以為我有二十四銖就很了不起了，二十四銖才是一個兩，二十個兩才會變成一個鎰，我一跟對方接觸，一比之下才發現原來我沒那麼強。

(三)把握籌碼，虛張聲勢

讓我們先作個小結：孫子首先教我們怎麼盤點我有多少籌碼，知道我在什麼位置，有什麼資源，有多少籌碼。這包括了我如果要跟對方談判或處理客戶抱怨，我有多少東西能給出去？或是如果我要在這問題上消耗，我有本事耗多久？這些就是我的籌碼。

第二，我們在盤點籌碼的時候也必須要了解，並不是一開始有多少東西就一定會獲勝，因為有時候雖然在硬體的資源上，我比較弱，可是越是偏弱，我就越會用談判的戰術虛張聲勢、膨脹自己，用戰術去扭轉這個情勢。越是懸殊的時候，我們就會發現，光是靜態的權力分析，並不能夠預測談判最後的結果，因為戰術運用的好壞，誰也不曉得，這就是所謂的「兵者，詭道也」。

最後，雖然我們會盤點籌碼，會虛張聲勢，但是我們必須要知道：所謂的籌碼不是光是算我自己的，我也要互相比較，談判籌碼是相對的。因為要比相對的，我才能對事實有更清楚的掌握，如果光是看我自己的籌碼，那我可能很自滿，一比之下，才發現原來我只是「銖」，而對方是「鎰」，他其實比我強大很多。只有放在相對的位置去比較，才會對彼此之間的權力關係有比較清楚的了解，這樣子我們才能夠計畫下一步的策略。

所有的策略都要先根據有多少籌碼，再根據你的本錢，計算你有多少時間可以消耗，這樣去定策略才務實！這三個點必須謹記：你有多少東西、你可以虛張聲勢多少東西、在比較之後才能發現自己到底強還是弱。

談判重點

- 談判並不是籌碼多者，就一定會獲勝。
- 了解自己有多少籌碼有許多面向需綜合考量。
- 盤點籌碼同時也是在知道自己在什麼位置。
- 戰術的運用很重要，那將是逆轉弱勢的契機。
- 適時虛張聲勢讓你可以在談判場上更有勝算。

09 夫未戰而廟算勝者，得算多也
如何使用博弈理論來布局？

兵法解讀：計算別人採取的行動

關於談判前的布局，基本上從《孫子兵法》的第一篇〈計〉就可以看到，孫子說：「夫未戰而廟算勝者，得算多也；未戰而廟算不勝者，得算少也。」

「未戰」是尚未開始打仗之前，「廟算」則是在廟堂之上、在朝廷裡面的各種計算，「而廟算勝者，得算多也」的「算」是籌碼的意思。我計算檢視一下大家有多少籌碼，而「夫未戰而廟算勝者，得算多也；未戰而廟算不勝者，得算少也」。也就是說，在談判的過程裡面，我們要盤點所擁有的籌碼有多少，然後去計算，在這裡我到底會勝還是會敗呢？但更有意思的是，我在計算，別人也在計算！這就是「廟算」不容易的地方。

實戰應用：「博弈理論」在《孫子兵法》裡

(一)從想要的結果倒算回推

計算別人會採取什麼行動，其實就是我們常講的「博弈理論」。博弈理論、也就是賽局理論，討論的像是在談判之前，我如果今天態度強硬，那他會有什麼反應？我如果溫和，他又會怎麼反應？在他反應之後，我又如何應動？我們在準備談判的時候，會計算對方會採取什麼行動，以及相關的各種狀況。

在計算各種情況的時候，有學者提醒我們：如果要想每一個可能性，每一種狀況都準備到，那根本準備不完，更何況，就算你可能算到他攻擊、回應、態度強硬或溫和，但其實有時候他可能根本就不會行動！哈佛大學的學者研究發現，只有百分之二十三的人會察覺到對方的行動，並且及時採取反應。

例如：如果我態度強硬，或是我要開始布局，或我要準備談判，或我是一位創投，我想拿下一個新創公司，或我想進入這個新創公司，然後取得多少的股份。可是同時也有幾個其他創投公司，想進入到這個新創公司，那這家公司到底要「嫁」給誰呢？於是我自己就要考慮我的聘金是不是夠豐厚？

有一次，我在一個創投公司上課的時候，他們告訴我：「因為各方提出的條件都不錯，所以他們要在事前做出更周延、完整的布局。」他們想的是，不管誰拿下那家公司，可能都要經過一個下游廠商，所以不如就先把那個下游廠商拿下來。把下游拿下來後，就要進入新創公司談判，或是要跟併購的新創公司談判。我說：「你當然『嫁』給我啦，因為不管嫁給誰，都還是要經過那個下游廠商，而下游已經在我手上了。如果你選擇嫁給別人，因為下游在我手上，所以你的利潤一樣會打折。但如果你選擇嫁給我，這樣上下游是一條龍，就可以一路順著下去了！」所以他們的布局思考是：思考拿下這家新創公司以後，這家公司下一步會怎麼做，然後以終為始，倒著計算回來現在要怎麼做。

在談判或決策的時候，我們要想到最後的結果，並且要知道從最後的結果要怎麼倒算回來。像是藉由倒算回來，我們可以知道有幾個下游公司、幾個人或幾個部門是我一定要拉攏的，一定要拿到的，於是我就知道我必須先把它們拿下來，這樣子我再去跟這家新創談判，我就更有底氣，我的籌碼也就更多。

(二)想清楚你正在跟誰談判

然而這樣想，進一步的問題是：當我拿到下游廠商的時候，別的創投公司難道不會發現嗎？這就是為什麼我們要去算。談判跟溝通不一樣，溝通只是講話，但談判更重要的是要「布局」。所以當我布局的時候，我也要去算這時候對方會什麼反應，他可能這樣反應，可能那樣反應，那我又要怎麼圍堵他。

根據博弈理論，我在想的可能是「我跟誰在博弈」？我是跟我要進入的這家公司博弈呢？還是我是跟其他的競爭對手也在同時博弈？接著我們就會去算，作為一個非常理性的談判者，我布局的時候，別人可能會有什麼反應，我要對此未雨綢繆。

哈佛大學的學者在這時候就提醒了我們：你計算了半天可能都對，但是還有一點很重要，就是對方可能不會有反應！我們剛剛講過，大概只有百分之二十三的人會察覺到對方採取行動，並且及時採取反應。為什麼只有百分之二十三的人會發現呢？第一，因為很多的公司都是根據「不完美的資訊」做出決策。這點我們前面也談過，在談判的過程裡面，不可能有百分之百完美的資訊。《孫子兵法》雖然說「知彼知己，百戰不殆」（〈謀攻〉篇），但是知彼知己其實是非常難的一件事情。

「知彼知己，百戰不殆」，我要知道自己，也要知道對方，但我們前面講過，我知道很多對方的資訊可能都只是部分的事實，還有很多是推論，而我還要知道「自己」，要知道我跟我的公司其他部門、跟我的上級，我們上下能不能「同欲」，但老闆真的要什麼，我也搞不太清楚。

所以雖然說「知彼知己，百戰不殆」，打仗的時候就不會危險，但是很多時候，我們其實不全都知道。這正符合談判中的「不完美的資訊」。每一家公司其實都是根據「不完美的資訊」做決策。那這樣他又怎麼必定會適時地偵測到我在做什麼呢？他的資訊並沒有這麼完美。

(三)你在計算，對方也在計算

此外，哈佛學者也有發現：如果一個公司一定能夠達成它的營運目標，那這個公司也不會有這警覺。他會認為我每一年設定的指標、KPI都能達到，那就算市場上有變化、有風吹草動，我也用不著把我的資源重做配置吧？因為有的時候，如果要因應新的狀況，重新配置資源，很多生產的時程可能都要改變，內部得要重新整合。這其實就是所謂組織內部的「惰性」。所以當目標能夠達成的話，我又為什麼要這麼大費周章呢？

可能有一個部門發現到我們公司在做的某件事，未來可能會造成危險，但是當這部門去告訴其他部門的時候，其他部門的人可能還是會覺得他杞人憂天，因為我們的目標都能達到，一路走得非常平順，就照著原來既定的時程來走就好了，不必做什麼調整。所以，對方可能不會有反應的原因，除了資訊的不完美，還可能是因為組織的惰性。也就是，如果他要反應，他可能就要改變他過去一些做法，改變做法，那很多人不願意惹這個麻煩，對不對？

就算他有反應好了，那他會考慮幾個選項呢？我們可能是在象牙塔裡面，或在書房裡面討論，可能最後根據他自己的推論，他有五種選擇，於是我如果要防止他的話，我要超前部署，那這五個選擇，我都要預先去圍堵。可是哈佛的學者研究，進一步指出：在百分之二十三會反應的人裡面，有百分之七十五的人大概只會考慮兩到三個選項。如果你幫他算，他可能有五種選擇，但他們自己最多只會考慮兩、三個。他們不一定會考慮那麼廣、那麼多。

所以，這也是我們在談判的時候，我們為什麼必須要做好準備，知道對方不像我想的那樣子，因為每個人計算的標準不一樣，也有各種惰性，他也有各種的行為模式，這些都有可能影響他的選擇。

這時，有另外一派學者建議說：我們不是要理性推算對方有幾種選擇、有什麼反應，而是要從他過去的行為模式來看，從他過去的慣性、行為模式、做事風格，去推論他可能有什麼反應，我們再去做準備。所以並不是要那麼抽象地去計算博弈理論中的各種矩陣，而是要從行為上去推斷——這樣做可能還比較精準一點。

這些做法當然都可以參考，如果你是很理性的人，你做了很多的計算，但是要注意的是：你在計算，對方也在計算，而且你除了要算各種可能性，你還要算要怎麼樣圍堵。按照剛才提到的哈佛大學研究，其實你不必算那麼多可能性，因為人不會做這麼複雜的決策，人往往會簡化決策。真正做決策的時候，很多決策都被簡化了，這是行為心理學上研究出來的結果。也有另一些學者說，我們要從對方過去的經驗、行為模式、習慣，推論他可能採取什麼樣的行為。但這都是在談判之前的籌備，而「盡信書，不如無書」，你太過於相信他過去的行為模式，又認定他將來會怎麼樣，這些都只是推論而已，在談判中，現場的互動還是占有相當大的重要性。

之後我們也會談到，在現場互動的時候，要怎麼從中蒐集情報。如果在上桌之前，情報都百分之百完整了，那上桌之後，我們就不需要動了，對不對？但再次提醒各位，不管上桌前、上桌後，情報永遠不會做到百分之百完美，你還是要準備應對各種可能狀況，準備好各種不同的方案，如甲案、乙案、丙案，如果甲案拿不到，我就換乙案。我也要檢驗雙方的籌碼，如果沒有籌碼的話，我要不要結盟，這些計算都是要在上桌前就準備好的，準備好以後，我們才能真正上桌，我們要「出牌」了。

談判重點

- 記得當你在計算時，別人同時也在計算你。
- 先確定在談判時想得到的結果，再來回推你的談判內容。
- 不可能將所有狀況都準備到，對手也可能不主動攻擊或來得及反應。
- 談判過程中推算對手此時的狀態遠比過多的準備重要。
- 大家都是從不完美的資訊中找出突破點。

第三卷

出戰

10 致人而不致于人

主動出牌，引導談判

兵法解讀：掌握主動，率先出牌

談判學界裡有兩派：一派主張要先出牌，另外一派主張不要先出牌。然而，我基本上還是認為先出牌比較有理，因為先出牌可以引導談判。

《孫子兵法》在〈虛實〉篇裡講到：「故善戰者，致人而不致于人。」「致人」是什麼意思呢？就是「調動敵人」，「致」是「招致、引來」的意思。這句話告訴我們的是，可以採取主動。我們作為善於指揮作戰的人，能夠調動敵人而不為敵人所調動。「致人而不致于人」，就是我能主動引導他，而不被他引導。

這就很有意思了，在談判的時候，我們當然希望爭取主動權，那麼出牌的時候，我當然要先出牌。要先出牌的話，當然也要事先做好準備，然後我再出牌，對不對？這裡所講的就是出牌的「錨定效應」。

實戰應用：把對方拉到自己的場子裡

(一) 錨定效應

「錨定效應」中的下錨就是先出牌，像是先出價格，這就比如今天你在船上下錨，下錨了就有了定點，大家的焦點眼光就會聚焦在那個位置，所以這個位置就是一個影響人期待的重點了。

經由「錨定效應」可以發現：我們對成交價的期待，經常都是受到對方的開價所操縱。什麼叫作受對方開價操縱呢？比如說，你今天到一地旅遊，到其他國家去旅遊，常常要臨時買個紀念品，這時候你很難事前做到很好的準備。又比如說，你要買一個雕刻品，到一間店裡他賣一千元，而你也要買另外一個藝術品，到另一間店他賣一千五百元。我到一千元那家去買，我會希望能把它殺價到九百元，但我到一千五百元那間店去買，我大概不會期待要把它殺價到九百元。為什麼呢？因為價格差距太大了。

為什麼我會對成交價有不同的期待？這就是因為對方的開價不同。對方開價不同，也就是對方的錨下得不一樣，這就導致不同的錨定效應。錨定下來以後，我的整個期待、整個談判都會受到他的影響，而這就是「致人而不致于人」——他先出牌，然後訂了遊戲規則，他再來跟我談，是不是？所以我們在談判的時候，常常會有這樣的一個情況。

美國學者曾經做過一個實驗，有兩個人賣同樣的東西，假設底價都是八百元，而第一個人開價一千五百元，但第二個人只開價一千三百元或一千兩百元。結果發現開價高的，成交價通常都比較高。這是因為我們很容易受到對方第一個價錢所影響，錨是他下的，這就是「錨定效應」，就是「致人而不致于人」。

(二) 主動出擊

真正在商場上談判，可能又發現當我們在開價的時候，前面會有些鋪墊的工作，你的價格，你的錨，一定要下在鋪墊之上。

好多年前，我曾經帶著東吳的學生到新疆，到新疆時我想買個和闐玉，和闐玉就是羊脂玉。我到了一個國營店裡去看，店員說：「先生買個和闐玉吧？」我覺得這個玉沒有什麼特別的地方，我回說：「沒啥！」店員再說：「當然當然當然，好的在後面第二間，精品！」精品？但我去看一看，還是沒啥。店員又繼續說：「當然當然當然，好的後面還有一些小間的，真品！」我進去看真品，還是沒啥。店員最後又說：「當然當然當然，好的在保險箱裡面。」戴個手套，慢慢拿出來看。哇！這真的漂亮，絕品！

她從外面第一個給大眾買賣的玉，然後進到第二間、第三間房間，最後開保險箱，當她也從一般的商品，進到精品、真品、絕品，而這就是鋪墊。她每進到新的一進，進到後面的房間，我就開始緊張滴汗，想說那這些玉到底要多貴啊！？等她把保險箱打開一看，報的價錢果然很貴！因為那個羊脂玉的礦脈已經封了，所以它很貴，而且價錢是用克數來算的，多少克乘以單價多，總價就是多少錢。

店員報了價以後，開始打折，她說：「老師，因為你們是從台灣來的，所以算得比較便宜喔！」這就是先下錨，然後減價、減價、再減價，最後減了滿多的，我看了還不錯，就買了。

買了以後，要準備上遊覽車，店員小姐幾乎扶著我上車，我想說：「天啊，我有那麼老嗎？」她越是扶我上車，我越滴汗，我心想：「糟糕！剛剛不曉得給她騙了多少錢了？」但那個白玉的掛件滿漂亮的。

所以，重點就在於，不論你到哪一國去買，到土耳其、韓國、巴西，或緬甸，買玉、紅寶石、黃鑽、各種不同的東西，他們店家前面都有鋪墊、下錨，這就引導了整個談判。

(三) 將解決方案包裝成問題

有時候出價錢，在談判上會有問題。像是勞資談判時，工會特別要求加薪兩千元，但其實這在談判上是一個陷阱，先不管同不同意兩千元，從操作的方法來看，工會實質的要求其實是「加薪」，不是要求「加兩千元」。

用英文來看會更清楚，也就是「問題」（problem）跟「解決方案」（solution）兩者之間有些區分，我們常常搞不清楚。什麼是問題？什麼是解決方案？加不加薪是「問題」（problem），而兩千元是他想要的「解決方案」（solution），這不應該是「問題」。可是，有的工會會把問題和解決方案混在一塊。一旦一開始就說「我要加薪兩千元」，那不管你同意或不同意，你跟他談，就是從兩千元開始往下談，對不對？那你就已經受到他的影響了，他談兩千元，也許是站不住腳的，但你卻已經接受兩千元作為談判的起始點。

在談判的時候，還有另一招，就是我們把自己想要的解決方案，包裝成問題，把它混在問題裡面，成為談判的起始點。你如果接受兩千元作為談判的起始點，那你就受制於他了。

那這招要怎麼破呢？通常會講說，我同意加薪，但我不必接受兩千元這個數字，因為我有另外的算法。比如說：我根據通貨膨脹的數字、公務員加薪的時間、公務員的加薪來看，我們也最好也要加薪，不然的話，我的員工不會服氣。

加多少、怎麼加，這都可以另外談。像是「加多少」，是在討論我是加薪水，還是加津貼；「怎麼加」，就包括人和事，是要通案的方式加，還是以個案的方式加；「什麼時候加」，則關係到是要馬上開始加，還是階梯式開始加；或「怎麼算」，就比如像退休一樣，是要一次全拿，還是拿月退俸，我有各種比較精緻的算法組合。不管是怎麼退休的各種方式，它有不同的錢計算的方法，這在談判的時候就叫「方案」（option），就叫方案一、方案二、方案三。

我根據「要不要加」、「怎麼加」這幾個標準，算出來一個數字，像是一千三百元，那我可能就會覺得一千三百元是比較合理的價錢，所以我就同意加薪；但如果我認為兩千元的結果是沒有道理的，然後我再說明該怎麼算，所以應該是一千三百元，這就叫作「反下錨」。他提兩千元的做法叫作「下錨」，而我這一千三百元的做法則叫作「反下錨」。

「反下錨」的目的是什麼呢？就是把對方拉到「我的場子」裡面跟我談，而不是我去他的場子裡談判。如果我受制於他，我就會拜託他說：「不行啦！兩千元太高了，要降一點、要降一點！」但現在是他得回來跟我談說：「老闆，拜託加多一點、多一點！」這時候我就站到主動的位置啦！

反下錨是搶回談判主動權的一個方式，但反下錨之所以能夠成功，是因為下面有柱子支撐，也就是你得為你的主張講出個道理，並不是說他開兩千元，然後你說：「不行！一千三百元！」雖然他兩千元沒道理，但你一千三百元也同樣沒道理，誰都站不住腳。所以你必須要有一些理由來支撐你的主張，這樣才能成功地「反下錨」，之後才能把主動權搶回來，這樣才能做到我們開頭講的「致人而不致于人」，這也是主動出牌的標準動作。

談判重點

- 談判中的開價常常受到對方的操縱。
- 談判下錨前總是會有完整的鋪墊。
- 問題與解決方案是兩個概念，但對手常常故意將其混在一起。
- 問題只有一個，但方案可以有許多種。
- 搶回談判主動權前，你須有一個站得住腳的點。

⑪ 政舉之日，夷關折符，無通其使
先鎖門，再開門，才有談得通的可能

兵法解讀：戰爭裡關門的意義

《孫子兵法》第十一篇〈九地〉中談到：「政舉之日，夷關折符，無通其使。」「政舉之日」即是交戰前夕，在那一天軍隊將會舉兵出發。「夷關折符」，「夷」在這裡是「封鎖」的意思，而「關」當然就是關卡，「夷關」便是封鎖關卡，不讓人通行，「符」則是古代通行的憑證。所以「夷關折符」就是折斷各種通行憑證，關閉關卡，不讓人通過。「無通其使」就是與敵國使節停止來往，就是斷絕與敵國使節的往來。

「政舉之日」，在那一天真的要打仗了，你不要派人再說服我，因為我不會被說服，我不會動搖，為了證明這點，我「夷關折符」，把關卡關閉，折毀通行證，「無通其使」，斷絕與你的使節之間的來往。

這樣做的目的是什麼呢？目的就在於宣示我的決心，我真的要準備打仗。我如果一方面要打仗，另一方面卻還互通使節往來，這就表示我還留有談判空間，那對方就會懷疑我的決心。所以，我要宣示我的決心，告訴對方，我準備戰到最後一兵一卒。

實戰應用：堅持與讓步的調和

(一) 關門的必要

談判也如「夷關折符，無通其使」這句話所說的，在談判剛開始時我先「鎖門」，雙方都在進行意志力之間的較勁，因為我也鎖門，他也鎖門。在鎖門之後，看誰先撐不下去了，誰先眨眼了——就好像我們小時候玩的遊戲，兩個人眼睛互相瞪著，看誰先受不了，先眨眼了，先眨眼就表示誰先讓步了。

「關門」表示我不跟你談，表示我強硬堅守立場，甚至以此代表我願意為此付出很高的代價，讓你思考要不要跟我談，這就是「鎖門」。

然而在上桌談判的時候，並非只有「鎖門」，有一點非常重要：我們永遠要讓對方知道「門是打得開的」，也就是談判是有機會的，立場是彈性的，或者隧道另一頭是有光的。你要吸引他，讓他知道「我們是談得通的」。

如果他上桌談判，只為了投降，他還會來嗎？你總要讓他知道，如果條件談得好是談得通的。有機會成功，對方才會投資時間、心力，坐下來跟你談。如果一點機會都沒有，那除非他有其他特別的目的，像是要「做秀」演給別人看或其他各種特殊狀況，不然他不可能跟你談，所以，永遠要讓對方知道，門是打得開的。

然而，問題是不能一上桌就告訴他「門是打得開的」，這樣他就不會努力了。談判時，要「鎖門掏鑰匙」——先鎖了門，再把鑰匙拿出來，告訴對方說「門可以打開，但你要不要跟我談這把鑰匙呢？」如果你要拿鑰匙開門，就要拿東西來交換。這才是談判！條件談得妥，我就把鑰匙給你，你就可以開門。所以我當然不會一開始就告訴你「門是打開的」，一旦你知道這點，為什麼還要再掏東西出來跟我交換呢？

有些美國談判學者研究發現，美國人在談判時，有時候太老實了，而他們犯的錯誤就是太早展現彈性。一開始，美國人可能不小心講了一個立場，但對方強烈反對，他們就有點嚇到了，就縮回來說：「當然當然，這只是個開始而已（It's only a starting point）」，「starting point」就是開始的點，也就是起點，既然是起點，那後面當然就還可以再談。

有一些談判專家說，你當然可以告訴他「這只是一個起點，後面都可以再談」，這表示他有彈性。只是這樣對方當然就會不讓步了，所以前面還是要堅持。

回到我們所說的「鎖門」、「掏鑰匙」來看，既然鎖門如此重要，那我要怎麼鎖門？我要表示我非常堅定地鎖門，而「鎖門」的英文就叫「commitment」，「commitment」通常翻成「承諾」，但有時候不見得要把它翻成「承諾」，它就是「堅持」，而「commit to a position」，就是「堅持」立場，我就「釘」在上面堅持，不會讓步。這就是所謂的「關門」跟「鎖門」。

「鎖門」也發生在勞資談判的時候，像是罷工，有些工會的罷工表示得非常有決心。「鎖門」也會發生在像是反對黨示威遊行走上街頭的時候，走上街頭就表示執政黨一定要找人跟我溝通，但我說「我不溝通！」如果我一方面告訴群眾要上街頭，另一方面卻跟對方溝通，背後又上桌談，那到底要上街還是要上桌，底下的人就搞昏了。所以我明確地說不跟你溝通，我準備上街，你不要派人來談。

當然這只是一開始，後面還是留有一點迴旋的空間。一開始，擺著黑臉出來，不講話，這就是前面提到的「夷關折符」。先「夷關折符」，然後我們再談。

然而，講「鎖門」、「掏鑰匙」，我並不是要說所有的談判都跟打仗一樣，我們要達成的目的是談判，所以這真的和打仗不一樣，但你可以學習孫子所講的「夷關折符」——先非常強硬地表示「不要跟我談」，但還是得留個餘地，考慮將來撐了一陣子，對方做了一些讓步以後，我們要怎麼樣順著他的讓步，下台，走上談判桌。

當我非常強硬的時候，仍然必須要留有迴旋的空間，這就包括說，在個別談判的時候，講話要特別小心。我建議在跟別人談的時候，最好談的都是「具象」的東西，什麼叫具象的東西？就是摸得到、看得到的、可以分割的東西。不要談著談著，就把一大堆抽象的東西都擺在桌上，像是「國家民族大義」、「祖宗八代的清白」、「個人死生榮辱」等等，這些抽象的東西擺在桌上，會使得自己最後想下台的時候，不曉得該怎麼下台。也不能說，那我現在不談祖宗八代的清白，改算六代就可以下台了。你這樣一關門就出不來了，是不是？所以，談判跟打仗還是有差別。

我可以非常強硬，但千萬要記得，如果是個人衝突，永遠都要確保談判桌上的東西都是具象的，不要擺了光鮮亮麗、冠冕堂皇、抽象的「光榮」、「自尊」在桌上，到時候談判卡死了，反而會無法下台。

又比如說群眾運動走上街頭，必須要想辦法控制後果。我帶領群眾走上街頭時，一定要特別特別小心，要能控制群眾，不要讓這些人失控。也很重要的是，我帶領群眾走上街頭，不要自己最後成了「群眾的俘虜」，自己反而成為人質了，受制於群眾，失去了主動權。為了避免這些狀況，所以我要有像是「糾察隊」的措施來控制群眾，可能也要留有熱線，在必要的時候跟對方通話。

(二) 談判的鑰匙

談判跟打仗還有一點不一樣，就是打仗有必死之心，談到最後是真的要打仗。而談判的時候，我前面「關門」的目的是為了透過「鑰匙」來增加價值，所以最後還是要「開門」，但孫子所說的「夷關折符」，我們可不可以學習？還是可以。

如在談判具體項目上，我表明「我不跟你來往，不跟你談」，或如在商業談判上，我用客觀數字來支撐我的立場，來告訴對方，我的立場非常堅定，這些不是隨便講的，那既然不是隨便講的，當然也就不可能隨便讓步，對不對？

我用這些客觀數字支撐自己的立場，像是通貨膨脹的數字、成本分析等等，這些證據很清楚，我並不是漫天要價，我也不是隨便要求，所以我也不可能隨便讓步，但是只要數字改變，我就可以讓步。如果通貨膨脹的數字改變，或成本降低，那我就有了讓步的理由。在談判桌上，我們一定要有柱子支撐自己，這樣才能鎖住立場，但也因為我們用柱子撐住自己，所以柱子如果改變，我的立場也就可以隨之改變，我的立場也就有了彈性。

這也就是說，當我鎖住立場的時候，不是你態度一凶狠，或是你擺低姿態一求，我就會讓步，一切都要透過具體的數字說話，我堅守立場「夷關折符」。可是，一旦數字改變了，我的關卡還是可以重開，通行證還是可以重發，我還是保有迴旋的空間，這就是打仗與談判的差別。

在這本書一開始，我也有講到，《孫子兵法》是在教你打仗，不是教你談判，而我們是把《孫子兵法》上的一些內容、一些戰略思考，來幫助我們理解談判中的思考，可是我們不是要完全照《孫子兵法》來做，完全照他的做法就變成要打仗了！那在談判的時候，我要不要關門？要關門，可是我還要掏鑰匙，所以在「夷關折符」之後，關卡還是可以重開，通行證還是可以重發，只是別忘了先鎖門，再掏鑰匙。

像是談判時，對方報了價來，我再來跟他談，可能就會告訴他說：「我出門的時候，老闆交代，如果今天談還是這個數字的話，那就不用談了，因為老闆完全不能接受這個數字，而且他本來說我不用來了，但是我認為你們公司還是滿有誠意，所以我們可以看看能不能找到另外的解決方案。」

「如果今天談還是這個數字的話，那就不用談了」這是在表達什麼？就是在鎖門。我接著講到「所以我們可以看看能不能找到另外的解決方案」，這樣說在做什麼？就是掏鑰匙。

「這個數字就不用談了」是鎖門，是在表達ＮＯ。「但是如果你們有更好的方法」、「看能不能找到另外的解決方案」、「也許有一些新的方案」，這些叫ＢＵＴ。ＮＯ跟ＢＵＴ就是鎖門跟掏鑰匙。

老闆要我拒絕你，或我的立場有柱子支撐，不能輕易讓步，或我今天走上街頭說你不要再跟我談了，我準備跟你對抗，這些都是ＮＯ，但我後面全都留了ＢＵＴ。

無論你要談的是哪一種談判，都要記得「政舉之日，夷關折符，無通其使」，這段話在談判來講只是是前半段，後半段就要看在談判中如何展現彈性。

談判重點

- 談判初始記得「鎖門」，不要一開始就讓對手不願努力。
- 堅守立場同時也是宣示不退讓的談判魄力。
- 記得留有鑰匙給對方，談判不需要必死的決心。
- 鎖住立場不是對方態度兇狠或擺低姿態就放行。
- 用具體的數字或物品說話，而不是虛無的空談。

12 諸侯之謀 該怎麼結盟？

兵法解讀：思考結盟，擁有共同的敵人或相同的願景

「諸侯之謀」是什麼意思呢？在談判的時候，我們要找籌碼，而且也要「鎖門」、「掏鑰匙」。在找籌碼的時候，我也在看到底誰的籌碼比較強；在鎖門的時候，也是在檢驗自己到底能撐多久，看鎖門時是他受傷，還是我受傷，如果我沒有足夠的實力，可能會是我受傷。如果在檢驗籌碼時、在鎖門時，證實了我沒有那麼強大，那要怎麼辦呢？要想辦法增加籌碼，而一個增加籌碼的方式就是「結盟」——我自己不夠強大，那

就找個朋友結盟，一起對抗更強大的對手。

結盟時，談判非常重要，因為如果我要跟另一個人結盟，那他有什麼理由要跟我結盟，為什麼要幫我呢？我當然得有一些籌碼，有什麼東西可以給他，而更重要的是，我必須跟他有共同的想法，也許是有共同的敵人或共同的遠景。這個結盟就叫「諸侯之謀」。

更放大來講，除了結盟之外，如果我要到另一個國家投資、做生意，我是不是也要了解「諸侯之謀」？或者我今天不只是要結盟，而是找一個比較強大的組織加入，或我要「跳槽」，這些是不是也都要了解「諸侯之謀」？所以，結盟可以用在很多地方，不只是在對抗角力、增加籌碼，也包括我到其他國家投資，以及跳槽，我也要考慮到我跳槽過去，對方歡不歡迎我。

但有一件事情在討論之前，要先放在心裡：任何的結盟、跳槽，對我來說，總是要能夠「加分」。如果說我跳槽過去，結果卻沒辦法加分，那我的力量（power）越跳越少，力量被稀釋掉、消耗掉了，那這個盟不結也罷。

那我們要怎麼思考結盟呢？在《孫子兵法》第七篇〈軍爭〉，有一段話非常值得我們參考，他說：「故不知諸侯之謀者，不能豫交；不知山林、險阻、沮澤之形者，不能行軍；不用鄉導者，不能得地利。」

這句話雖然是在說行軍，也就是你要行軍到其他地方時，要有三個條件來配合。然而，當我們要投靠誰的時候、要跳槽的時候、要跟誰結盟的時候，一樣也要考慮到這三個條件。

實戰應用：結盟的三個條件

(一) 剖析現階段所擁有的專長

第一個，「諸侯之謀」，這就好比說我要到其他國家去投資，那我總要曉得投資的項目、那個國家的五年計畫……等等內容，如中國的十四五、十三五等，每個國家都有經濟發展的計畫，那在這個階段，要考慮它計畫要發展什麼科技、什麼項目，以及它的項目能不能結合我要投資的東西。

跳槽也是一樣，我要思考我的專長符不符合對方公司現階段所需。一家公司隨著發展程度不同，在不同時候可能會需要不同的專長，有時候它可能需要電機，有時候可能電腦，後來可能需要的是全球金融、人工智慧（ＡＩ）。隨著科技發展、公司的程度、階段，它需要不同的專長人才加入。那在現階段，我有的專長，能不能與公司的需要接軌、配合——這就是「諸侯之謀」。

(二) 找到能帶領的人

接著我們先看第三個，「不用鄉導者，不能得地利」。這是在說，我今天要到另一個地方，總是需要有人帶領，有人帶領可以告訴我哪裡有利，而更重要的是，他也能告訴我，哪邊可能是陷阱，哪邊有流沙，哪邊是懸崖。

比如說，我到另一個國家投資，那這個國家的政治生態是什麼？哪些話題不能碰？哪些地方不能去？或如我要跳槽，在新公司裡面哪些人比較有權力？哪些人不能得罪？有些人你一得罪他，他就深深記下了這筆帳，不斷刁難你。這種人我可能不希望他成為我的朋友，我只希望他不要陷害我。這些時候總要有人先告訴我、領導我，而這個人就是「鄉導」。

(三) 考慮兩方目前所持有的

第一跟第三個條件比較容易理解，比較難的是中間第二個條件——「山林、險阻、沮澤之形」，你要了解地形，要了解哪些地方是山林、險阻、沼澤、泥淖。

舉例來說，我今天跳槽到另一家公司，那家公司裡面的人表面上都歡迎我，但有人私下對我有戒心、有敵意，他認為我在這個時候加入他們，是想去「分一杯羹」，或認為我是「空降部隊」，擋掉他升官的路，所以他對我充滿敵意。我剛進去，老闆請大家歡迎我，每個人都熱烈歡迎，但老闆一走，他可能動不動就會給我一肘子、一拐子。所以，我要不要曉得那邊有多少人歡不歡迎我呢？

或像是我到其他國家去投資，在同樣的項目上，我的技術可能比較先進，我已經到第五代了，對方國家的人還在第二代、第三代，那我去投資，會不會對他們現有的利益造成威脅呢？你永遠要注意對方有自己的山頭和地頭蛇，不管是投資也好、跳槽也好、加入哪個陣營也好，你都必須要考慮「山林、險阻、沮澤之形」，因為這些形勢會影響到我要不要靠過去，我要不要結盟。

結盟還有另一種情況。剛才談的都是我是「弱者」，所以我去結盟是希望我能加分，但如果我是強者呢？強者也許不需要加分，但最起碼要不減分。所以強者的結盟和弱者不一樣。關於強者的說法，可以參考《孫子兵法》在〈九地〉篇說的「我可以往，彼可以來者，為交地」，以及「交地則無絕」。

「我可以往」是指有一個地方我可以去，而「彼可以來者」，這個地方對方也可以來，那這個大家都要爭取的地方就稱為「交地」。「交地則無絕」，這裡的「絕」是什麼呢？就是絕交——在交地，你不要跟對方絕交，因為一絕交以後，你們彼此之間就生了嫌隙。

我今天要爭取另一個人站在我這邊，比如說選舉時，我是強勢，你是弱勢，而且我們都想爭取丙站台。你想找丙幫你站台，我當然跟丙也有點交情，可是我不見得有辦法爭取丙到我這裡站台，但我可以想辦法讓他不要到你那站台。也就是說，在這時候我雖然不加分，但起碼不減分。這裡的丙就是「交地」，「交」像是交通四通八達，這種「交地」，「我可以往，彼可以來」，我可以接觸他，我可以接觸丙，你也可以接觸丙，而且我們都想拉著這個丙，所以丙就是所謂的「交地」。

可是我不見得沒有爭取到丙我就會輸，不是這樣，因為我可以只想辦法讓他不要到你那站台，那我還是可以把他的影響力中和掉。我可能還是會爭取他的加盟，但他不一定會答應，但是我這樣做，只是讓他不要加盟到你那去。這個就是我們講的強者結盟——弱者結盟是求加分，強者結盟是求不減分。

還有另一種狀況：有時候基於某些原因，我們必須跟另一位夥伴結盟，但是我們結盟的時候，同時在其他地方，我倆又是競爭對手。像是我在這與你結盟，是因為我們面對著共同敵人，或我們共同要爭取一個比較大的項目，所以我在這裡必須跟你合作；然而，在另外一個案子上面，我們兩個是買賣關係，是談判的對手。

我跟你合作、結盟，我少不得要與你分享一些資訊，而在另外一個情況下，我又要與你對抗，必須保護我的資訊。所以就要思考，結盟時我到底要讓對方知道多少？我要如何保護我的知識財產權？萬一我們兩個有潛在的敵意，有一天分道揚鑣的話，我該怎麼保護我的知識財產權不被你剽竊？

上面這些問題其實已經不是談判了，這是在進行危機管理。在事前，我必須準備好讓我的產權不要被你剽竊掉。美國人會用一種方法，比如說，我們今天在製造業上合夥，製造了一個東西，但我在產品裡面就放一個小的零件，而那個零件其實沒有用處，是用來「騙」你的，因為你如果抄襲我的產品，這個就可以當作證據，對不對？也就是當你仿造時，發現在這多了一個零件，但你不曉得做什麼用，可是你知道我有，所以你也依樣畫葫蘆用了這個零件。這個零件，你不用還好，一用上了，就可以證明你抄襲我，在訴訟上我就有了證據！

在法庭上，你當然說是原創的，但我可以問你：「你說是原創的，那這個零件是有什麼用處？你知道嗎？」你講不出來，因為你本來就不知道它有什麼用。我說：「我告訴你，它是用來拐你的、騙你的，因為它本來就沒有用。」

用英文來講的話，在這不是講「know how」（知道怎麼做），而是「know why」（知道為什麼用）。為什麼要設計這個「know why」的零件在產品裡面呢？就是因為我對我的結盟夥伴不放心，我跟他今天是因為面臨特殊狀況才合作，結盟只是權宜之計，但在骨子裡，我跟他還是相互敵對多一些。為了讓結盟發揮效果，我當然會跟他分享資訊，可是在別的問題上，我要保護自己，所以為了保護自己，為了讓自己的其他成果不要被剽竊，製造業的人會在產品裡放一些對方不知道為什麼要放的東西，這個就叫「know why」。

談判重點

- 在結盟投靠到另一個大的陣營時，要注意對方那裡也是有既得利益的。
- 到新的地方，找到一個可以引導的人，少走彎路。
- 與潛在對手結盟時，記得留點心眼，以免反被他剽竊。
- 注意不要撕破臉，因絕交生了嫌隙，以後會變得更麻煩。
- 弱者結盟是求加分，強者結盟是求不減分。

13 策之、作之、形之、角之
有來有往，試探對方的虛實

兵法解讀：試探對方的方式

上談判桌後，你需要做很多事，先關門、取得主動權、發現自己力量不夠所以要結盟，這些都是在上桌後會發生的事情。

現在，假如這些事情我們都做到了，那我要怎麼試探對方到底要什麼東西？

《孫子兵法》在第六篇〈虛實〉裡講得非常清楚：「故策之而知得失之計，作之而知動靜之理，形之而知死生之地，角之而知有餘不足之處。」

「策之」的「策」就是計策、計算謀策的意思，而「策之而知得失之計」就是在打仗時，你都要計算、策劃。簡單來講，像是在談判時，你要算時間站在誰那一邊，誰有時間耗，誰沒有；你也要盤點你的價格能出到多少，也要看有沒有其他地方也可以買到同樣的東西，或者有沒有其他客戶也想買你的東西？這些都是在算。你在算，他也在算，他也在看除了你以外，是不是也能從別的地方買到這些東西。這些計算就是「策」。

首先，「策之」，「策之而知得失之計」，就像是你要衡量你的東西有多特殊，是你非要不可，還是他非要不可。如果你是買方，那他的東西你非要不可嗎？或如果你是賣方，那他非買你東西不可嗎？這就是「策之」。

接著，「作之」，「作之而知動靜之理」，其中「作之」就是我假裝進攻，故意做些假動作，看對方的反應。我的學生在當業務時，有時候也會這樣做，比如說，我跟客戶說，如果沒有要繼續談，那我就收回來，就不談了。如果我想繼續談，但你說不要，這就是你不想買了，但這時如果我說「如果要沒有繼續談下去，我就要走了」，那我就可以觀察對方的反應。

在談判的時候，有時候也假裝會破局，假裝說：「我要走了！」甚至如美國人在調停衝突的時候，美方已經到了，雙方還是打得不可開交，這時候美國人說我是來調停的，那你們既然要這樣處理，那我就走了！美方都回到機場，但又被拉回來，就這樣來回好幾次。這就是我們在這裡所要講的「作之」。

「形之而知死生之地」，這裡的「形」就和《孫子兵法．軍形篇》的「形」一樣，你要展現你的軍形，「形之以弱」或「形之以強」。有時候我們會示弱，有時候則會示強。張預在注釋《孫子兵法》（《宋本十一家注》）的時候，他說「形之以弱，彼必進；形之以強，彼必退」，我展現為弱勢的話，對方就會進一步攻擊，我展現得強勢的話，對方就會退讓。

「因其進退之際，則知彼所據之地死與生也」，我們在談判的時候跟作戰的時候一樣，對方如果不動，那我根本沒辦法知道他的據點在生死之間如何？他的強弱在哪裡？所以，我們總是要想辦法讓要對方「動」一下。

要對方「動」，有時候可以用示弱的方式。例如，我表明這件事很緊急，那他可能會很快跟總公司報告，就會比較快出貨。透過這樣，我們就可以看到對方「動」。他只要離開他原來的位置，「動」一下，不管是往前進還是往後退，我都能曉得他在乎的是什麼、他有多急迫、這件事情他有沒有退路。這些都是試探。

最後，「角之」，「角」就是角力，試著推推看，與別人較量力量。「角之而知有餘不足之處」，其實就是我們前面在做的事，我推推看，他擋擋看，我推，他擋，我再推，他再擋，繼續推，還是擋！那我就知道，這是他的must。或者，我一推，他擋，我再推，他卻不擋了！那我就知道這門是虛的，並沒有封死，所以這可能只是want而已。或者，我提出要求，但對方一陣慌亂，他根本沒準備到這點，這就表示那只是一個give，他可能會放棄這點，因為他根本沒準備到。

實戰應用：敢推、敢提出要求、敢試探

現在談判桌上擺了許多東西，價格、規格、交貨條件、數量、保固等等議題。那我要怎麼知道對方在乎的是什麼？這時候，我們就會試著「推推看」，像是我推這個價格出來，看他有沒有折扣給我？如果不行的話，我可以回應說，價格沒辦法降的話，那付款方式就得改了。假如我是買方，要是價格不能降，那我就可以要求付款方式要拉長一點，將三個月付款改成五個月付款，這樣子我的壓力就可以少一點，對不對？也可以再

看他哪個東西是可以放的。或如果我是賣方，而對方一直要我降價，但我沒辦法降價。他後來還是不斷在價格上推我，那我可以說如果一定要降價的話，那你的數量要讓一些，你沒有給我夠多的量，我的價格怎麼降給你呢？

上面討論的這些情況都是在試探。我們前面也講到，要分出事情的輕重緩急，所以當我說「如果你在乎價格，那你數量要放點給我」，這就是我在試探他。我可能覺得對他來說價格是個must，而數量可能只是want，所以在數量上可以有彈性。或是買方可能會主動說，如果數量多的話，價格可不可以降一點？同樣的，如果我是買方，我也會再推推看，看對方哪個能讓、哪個不能讓。這就是「試探」。

(一)談判是來回好幾次的

常常有同學說，在談判的時候，對方的要求好嚴苛啊！我回應他說，你不要緊張，雖然他要求嚴苛，但嚴格來講，他只是在試試看，他只是要試探看看，如果他可以得到，就會繼續往下推，如果得不到，可能就會退縮了

以前有一個學生在談判，學生是賣方，但買方一直要求合約草案的第三條要拿掉，

他堅持不行，後來談判就破裂了。他回來以後，還是把有第三條的合約草案寄給對方，結果對方依然簽了字寄回。我問他：「對方既然可以簽字，那為什麼當初這麼努力地想拿掉這條呢？」學生回說：「老師，對方總要表示他努力過啊！」所以，對方在推的時候，可能有兩種意思，一個是他要推推看，如果推得過就繼續，推不進去就放棄了，但如果他完全不試著推看看，他可能到最後還是會後悔當初為什麼不嘗試。另外一種狀況是，其實他也知道推不進去，因為門是鎖的，沒辦法推成功，但他要推給他的老闆看，這裡的推就表示了他曾經努力過。在談判桌上，各種的「推」、各種試探，在背後其實會有很多不同的目的。

有一些學生還有嘗試過這樣的做法，說他賣的東西要漲價，但對方說漲價他就取消訂單，就不買了。那我學生就回應他說：「好吧，那改這樣子好不好？還是那樣子好不好？」來回了好幾趟，還是沒成功。

第二次，他又跑去跟客戶講：「要不然你讓我漲價一點點，因為老闆要求我一定要漲，但是考量到我們這種長期關係，老闆要我漲三塊錢，我沒辦法漲三塊錢，但你如果讓我漲一塊半的話，那這次訂單量也先不要那麼多，是不是？本來你可能要訂五萬的量，這次如果你能夠同意漲少一點，那這次看能不能訂兩萬就可以了，好不好？」

他在這其實就只是試著用各種不同組合來試探他，結果沒想到買方說「你怎麼可以砍我的單？」這就很有意思了！你不是嫌我貴嗎？那我現在少賣一點，你少拉一點貨，卻還是不高興，是怎麼一回事呢？後來才再輾轉得知，另外一個供應商的貨出了問題，所以他們現在缺貨，一定要穩固這邊的量。這樣一來，你不就有談判籌碼？

你怎麼知道有了談判籌碼呢？因為「試探」。你試探他說，本來要漲三塊，但現在讓我漲一塊半的話，那就不塞那麼多訂單量給你，改成一半。談到最後，對方可能會說，如果漲的價錢再降一點，也許只漲一塊，那這樣他追加一倍的訂單給你，因為量對他來說比較必要。

很多時候，老闆要你跟客戶談漲三塊，老闆只是要「推推看」。如果老闆是很堅定地要求一定只能漲三塊，那連談判的空間都沒有了，這時我們還是可以去看，老闆講的三塊，那是多少訂單量的三塊？如果訂單量多的話，一樣要漲三塊嗎？這裡面還是可以有一個空間談判。

有時候，你要看客戶的反應，要試探他。「如果說您真沒有意思要買的話，那我們就算了，抽手了。」或是「如果沒有要買的話，要不要考慮單減一半？好不好？我不要塞那麼多貨給你。」這些做法都是「作之而知動靜之理」中的「作之」。

(二)不只推推看，也試著給給看

在談判時候，我們把這種推門、推推看、看對方擋不擋等等的試探方式稱作「投石問路」，英文是information seeking，也就是你去尋找（seek），尋找資訊（information）。資訊要怎麼尋找？就是推推看。

有人可能會問說，前面都在談「推推看」，但我可不可以「給給看」？其實也可以。我今天可以「推他」來判斷他要什麼，但可能還是會判斷錯誤，所以有人會反過來做，先給對方一些東西。比如說，我今天和你見面，告訴你說：「王先生，我們很榮幸能和貴公司相談，我早上出門向老闆報告，他也很高興。雖然這東西通常不會打折，但老闆特別交代我給你百分之五，也就是九五折的優惠，表示我們的誠意。」

我一開始給了他百分之五的優惠，看他要不要，他可能會說：「真的啊！謝謝！謝謝！」這反應表示他可能很在乎錢。但如果他說：「錢算什麼呢？交貨準時比較重要。」那就表示他在乎的是交貨。

這句話是怎麼被引出來的呢？正是因為我先給他。我先給他一些東西、好處，看他的反應是什麼。所以，上談判桌的時候，你可以跟對方要些東西，你也可以先給他一些東西，這些行動的目的就是「攪拌一下」，看對方的反應是什麼。〈虛實〉篇裡的「故策之而知得失之計，作之而知動靜之理，形之而知死生之地，角之而知有餘不足之處」就是這個意思。我們在談判桌上，我要知道對方的得失、死生，要怎麼做呢？就是「推推看」或「給給看」，透過這樣讓他動一動，讓他回應我，我才能知道什麼是他的虛實。

談判時要記得，你一定要去推推看。我今天跟你談判，絕對不會先告訴你，「我這門是可以開的」。比如說，我今天跟你談一件事，我說：「如果一定要我現在回答的話，答案是不行。」但這句話並沒有鎖死啊！我是說一定要「現在」回答的話，如果不是現在，是明天問我呢？那可能就可以了！可是我會告訴你嗎？我會直接告訴你說：「你今天問答案是不行，明天問就可以」，我在談判中會講嗎？並不會。這裡有很多可以發展的談判空間，要知道我的虛實，就要「推」。你可以試問我說：「那什麼時候可能可以呢？什麼條件改變了，你可能會同意呢？是價格改變？還是規格改變？還是其他的改變呢？」要知道這些內容，就要推推看。推才能讓我們看到虛實。

談判重點

- 談判時的「推推看」，就是探對方虛實的方法。
- 談判場上有時也會藉由假裝破局，來觀察對方的反應。
- 談判要不厭其煩地嘗試提出要求。
- 「試探」也是贏得籌碼的重要方式。
- 要讓對方動起來，有時可適時示弱。

14 攻其所必救

先談大的、困難的議題

兵法解讀：上桌談判的時候，攻其所必救

在《孫子兵法》第六篇〈虛實〉裡有一段話可以給我們參考：「故我欲戰，敵雖高壘深溝，不得不與我戰者，攻其所必救也。」

「故我欲戰」，也就是我想打仗，「敵雖高壘深溝」，敵人雖然躲在高壘深溝，他的城牆高，護城河深，躲在後面就是不打，高掛免戰牌，該怎麼辦呢？硬攻嗎？當然不會硬攻，而是要打另外一個議題——「不得不與我戰者，攻其所必救也。」

「攻其所必救」，攻打他必須要救援的地方，這樣他不能視若無睹了，因為對他而言，這些地方很重要，不能裝作沒事發生，像是當我攻打某個他必須出來救援的城池，他就得出來，不能繼續躲在城牆後面了。也就是說，他想不戰，我就挑起戰爭，讓他出來戰，這就是「攻其所必救」，逼對方迎戰的戰術。

孫子所說的「故我欲戰，敵雖高壘深溝，不得不與我戰者，攻其所必救」。這裡還有一個關鍵是「必救」，就是「一定要救」。在這我只問一件事情，對他而言「必救」是每一時、每一刻都要救嗎？當然不是，因為如果是每時每刻都要救，那他必然重兵防守，這就使得我們沒有攻打的餘地。所以我們要選擇攻打的地方一定是，對他而言有時要救、有時不要救，或者他現在還沒有派重兵防守的地方。他如果重兵防守，他一樣高壘深溝，我一樣攻不進去。要挑的那地方對他來說，應是有時要救、有時不救，然後我再抓到關鍵時機，出牌。

所以，時間非常重要。和對方談判時，我說「如果你不給我A，我就不給你B」，是因為我算準了對方在B議題有求於我，需要我。可是他需要我，會是每一刻都需要嗎？他每時每刻都需要B議題嗎？不是，他可能只是在某個時間需要而已。那我要怎麼知道是哪個時間呢？這就要靠情報。

實戰應用：選擇談判的議題

(一)直球對決

在談判的時候，我們考慮的是「難易」，而不是重要或不重要。我並不是在問說，要先談重要的還是不重要的問題，因為重要與否，我們兩個人可能會有不一樣的看法，我覺得很重要的事，你覺得不重要，而且就是因為不一樣，我們才能進行交換。換句話說，在談判桌上，我們有很大一部分時間都花在「求異」、尋求彼此不同的地方，有這些不同，我們才能換那些我們原本沒有但是需要的東西。

對於哪些事情重要與否，我們可能有不同的看法，但是，我們對於「難易」，卻可能有共同的認識，就像是我們都曉得這場談判觸及的問題很難談。什麼時候要先談難的，或先談大的問題呢？先談難的，先談大的，這一招就是「單刀直入」，我一開始就表明清楚「我要、我要、我要」，而可能他配合的也是重複式的談判法「我要、我要、我要」。

直接表明我要這個，這種做法的第一個目的，就在於表明我不會閃避問題，而是直接提出問題，直球對決；第二個目的是，我用這個方法，也是在氣勢鎮住你，如果談得成，接下來就會很順利，如果談不成，那拖一下時間也沒關係。因為現在處理的是棘手的問題，所以談起來本來就會花很多時間。既然花時間沒關係，那我就故意再多耗一點時間，如我可能在等某一個統計數字公布，等某一件事情發生，像是油價上漲、中東情勢不穩、美國會不會發動波斯灣戰爭等等。為了等這些事情，我想先拖一下時間，於是我一開始就談難的問題，在這些難題上跟你兜圈子。就算談難題談到最後破局了，其實都還是在我的計算之中，因為我可以先規劃好破局後要怎麼挽回，先想好接下來的事情怎麼談，是不是？所以，我們可以先選難的議題來談。

如果選容易的又是什麼考慮？這個問題在下一章會處理，現在讓我們深入來看，選難的問題要怎麼談。假設現在我已經決定了我的戰略，就是要先選難的問題談，但對方為什麼要先跟你談難題呢？對方的戰略不見得跟我一樣，我會斟酌選先談難的還是容易的，他也會想一樣的問題，不是嗎？那如果我跟他選的不一樣，你想談難題，他不跟你談的話，怎麼辦呢？

(二) 議題掛鉤

那在談判上要怎麼做呢？我要談Ａ議題，他不跟我談，該怎麼辦？這時我可以把Ｂ議題也放進來一起談。因為我知道談Ａ的時候，我比較沒有籌碼，可是談Ｂ的時候，我有籌碼，於是我把我有籌碼的、比較強勢的議題，和我比較弱勢的議題放在一起談，告訴他說：「如果你不給我Ａ，我也沒辦法給你Ｂ！」

這種戰術在談判上稱為「議題掛鉤」（issue linkage）。「你不給我Ａ，我就不給你Ｂ」這種做法，在性質上屬於「勒索」。有人可能會說：「老師，我不想勒索別人。」不是，我並不是叫你真的去勒索別人，這只是「性質上」，性質上屬於「勒索」而已。

有人可能也會問說：「那如果你給我Ａ，我就給你Ｂ，可不可以呢？」其實也可以。你給我Ａ，我就給你Ｂ，這種正向的交換，就稱之為正向的議題掛鉤，（positive linkage），這在理論分類上屬於「諂媚」，外國人則稱為backscratching，backscratching是什麼呢？就是抓背。你給我Ａ，我就給你Ｂ，這個是諂媚；你不給我Ａ，我就不給你Ｂ，這個是勒索。

我逼他出來談，在戰術上反映出談判中一個非常重要的權力性質——「議題權力」。我們在談判上所講的權力，都是「議題權力」，而不是「整體權力」。那「議題權力」是什麼意思呢？「議題權力」就是：在這件事情上，我可能有求於他，但那件事情上，他可能有求於我。強者並不是永遠都強、到處都強，我可能在這個議題上強，在那個議題上弱，這就叫「強者不恆強、弱者不恆弱」。你想想看，強者如果恆強，何須掛鉤？弱者如果恆弱，怎敢掛鉤？對不對？掛鉤戰術之所以能夠發展出來，就因為有這樣的權力性質。

我常常說，很多戰術，不是我們看著天花板亂想的，它們本身必須有這樣的權力性質才能成立，就好像說它得有這樣的土壤，才開得出戰術的花朵。它必須擁有「議題權力」，才能夠長出來「議題掛鉤」的戰術。

你不給我A，我就不給你B，就好像我在攻城，他卻躲在城牆高壘深溝之後，那我就攻打另外一個地方，逼他出來。同樣道理，你如果不給我A，我就不給你B，那你就非得在A上面讓步給我，對不對？

以前我有一個學生幫日本做產品代工，日方出的價錢總是沒辦法拉高，一開始拉不起來就認了，但過了幾年，他終於逮到機會，因為日本公司集團裡面做印表機的部門缺了晶片，沒辦法生產，所以本部長緊張，趕快到台灣來找看看誰會做。我學生的公司及早得到了信息，即時開始生產。日本人來了就說：「哎呀，你做得特別好，而且重要的是還能趕上我們急迫的交貨期，太棒啦！那價錢要怎麼算呢？」我學生說：「價錢好算，只要你幫忙把我代工產品的價格拉高起來。」日本人說：「這兩個是不同部門啊！」我學生回說：「我幫你的集團，那你得幫我啊。」過一陣子，果然拉起來了。

我學生跟我說：「老師，我最得意的就是，我抓到了日本公司最需要的那個時刻，我還把晶片跟代工放在一起談。」我說：「對啊，你很會談判，可是最關鍵的地方你還沒告訴我，你為什麼會知道日本公司缺那東西呢？」他回說：「老師，你不是做生意的，你不明白。如果我們跟對方來往這麼多年，沒有安排幾個內線，那不是白幹的嗎？」終究，要情報還是須靠間諜內線。

雖然你也許沒有內線，但不管你有沒有，你都要蒐集情報。我總要有情報才能分析整個市場的行情、市場的變化，我才曉得我的籌碼可能會在什麼地方出現，那我才有機會掛鉤，我才能用掛鉤的戰術，逼他出來談，才能做到「攻其所必救」。所以，掛鉤戰術可以用在談判的開始，當我想談大的、難的問題時，他不談，我用這招就可以逼他出來談，你要不要也試試看？

談判重點

- 排定談判議題先後，我們考慮的是「難易」，而非重要與否。
- 談判桌上，我們有很大一部分時間都花在「求異」，但也要找出「共同」點。
- 善用議題掛鉤，將我的優勢與劣勢結合一起。
- 在對的時間點切入議題，靠的是情報蒐集。
- 了解議題權力的重要。

15 攻其所不守

先談小的、容易的議題

兵法解讀：攻陷我必能拿下之處

在這一章，我們要談的是另一種出牌的戰術——「攻其所不守」。

前面幾章我們都在討論談判的出牌戰略術，講到我可以硬出牌，提出我想要的內容，先談大的題目、難的題目來直球對決。這種戰術稱作「攻其所必救」，我所攻擊的是對方一定得救的地方。在談判上，這種戰術就是要先提出對方認為很重要的、很棘手的難題。我這樣做的目的，一方面是要直球對決，表示我不會閃避問題，另一方面也是希望用強勢的態度鎮住他，如果能夠談成協議，當然很好，但談不成，也可以拖一下時間，這些都在我的計算之中，甚至破局也是。這就是「攻其所必救」。

在這一章我們要談的則是：「攻其所不守」。同樣在《孫子兵法》第六篇〈虛實〉裡，孫子說：「攻而必取者，攻其所不守也。」「攻」就是攻打、攻擊，而「攻而必取者」，就是攻擊那些我必定要取得，一定要把他它拿下來的地方，也就是要攻擊那些對方不會守的地方。他可能覺得那些地方不重要，或他沒有算到我會在這裡提出這個要求，沒有算到我會在這裡攻擊他這個地方、這個議題。所以，當我提出要求的時候，當我攻擊的時候，他一下就亂了腳步，慌張了，沒有準備好防守。這就叫作「攻其所不守」，我的目的是「攻而必取」，也就是「攻而必取者，攻其所不守也」。

實戰應用：從對方不防守的地方累積善意

(一)從小的YES累積成大YES

攻其所不守這招在談判的時候怎麼用呢？在談判時所謂「拿下來」就是「我能夠達

成協議」。在你不防守的地方，你當然很容易就會讓步，你越容易讓步，我就越容易達成協議，是不是？而且達成協議不見得對你不好，因為這其實表示了我們的關係有所改善，有所進展，我們才能達成協議。

這個戰術要從整個談判的背景來看，如果你真的前面都算好了，像是算好我談判是準備拿個YES下桌，還是拿個NO下桌，是會拒絕我的要求，還是答應我的要求，但不管哪種可能，你都計畫最後能夠拿個YES。

在剛開始談判的時候，我們兩個人可能不熟，這時候就像是我跟他約好要從這條線開始往那個牆走去，講好兩個人都走，可是我擔心我走了，他沒跟上來怎麼辦呢？所以我每走一兩步，就停下來看一下，看到他也跟上來，我就放心了；接著，我再走一兩步，再停下來，看他有沒有跟上來。每走一段時間，我就停下來看一下、停下來看一下，看到對方有跟上來，我再往前走，他再跟上來。最後我們兩個人一起到達目的地，也就是我們達成了一個協議，我們也從過去的這段路程建立了我們的互信。

這段過程在談判理論是這樣講的：如果雙方過去沒有達成過任何協議，或從來沒見過面，沒有任何互信的話，那我們在建立信心的過程中，每一點都可以是停下來檢查的檢查點，而因為會停下來檢查，我們會先談點比較小的事情，達成一些協議以後，我很快就把協議付諸實現。我這樣做就是在告訴對方：「我答應的事，一定會兌現。」所以我們邊談邊走，看一看在先前談的那些議題、達成的協議，我是不是都兌現了？再走兩、三步看一下，後來達成的一些協議，是不是我真的都有做到？慢慢地，在每一次都有做到以後，對方就會覺得我是個值得信任的人，所以我們就有可能越談越深，談的議題越來越大。

不只是談判，其實很多事情都是這樣。所有的大「YES」，都是從小「YES」慢慢累積出來的；所有的大協議，都是從一個個小協議逐步累積的。所以，不能看輕這些小協議，因為這些小協議很有用，在小地方達成協議，付諸實現之後，在其他大一點的議題上，我們再達成協議，付諸實現。這段過程可以讓你知道，我這個人言出必行，很值得信任。就這樣子慢慢地讓我們把互信、交情培養出來以後，就可以再談一些更棘手的、更大的問題，對不對？所以這就是為什麼要從小的「YES」慢慢累積出來大「YES」。

在這樣的邏輯思維下，如果我希望能夠在談判桌上拿到YES的話，那我就要計算檯面上的東西，哪一個可以讓我拿到YES呢？我可能就會發現某個議題比較簡單，對他來講也不是那麼重要，所以他也沒有什麼決心要防守，也就是對他來講，這個議題是可以放的——這個議題，可能對我來講是個want，不是個must，可是對他來講，這議題無所謂，可能只是個give，所以可以放出去。

在談判的時候，要怎麼知道哪些是他可以放的？這就要「試」！我提出這個要求試試看，看他是不是準備要放出去，看結果是不是他沒想到有這個要求，所以我一放出來以後，他可能有一點錯愕，但想說也不是很重要，所以就答應了。這就是我們原先計畫的「上桌，拿一個YES下桌」。

我的戰術是要從小的YES累積成大YES，所以我要想辦法把這個戰術落實，所以我選擇比較小的題目來「攻其所不守」。

(二)備案必須有，但不用過於緊張

學會了這個戰術之後，可能會有些問題、疑惑。有人可能會問：「我們要『攻其所不守』，那萬一他守了呢？」當然，所有的作戰都得有B計畫，我認為他會說YES，結果是NO，我認為他會說NO，結果卻是YES，這些都有可能，背後也可能有各種原因，像是他被同事刺激到了，被他太太罵了等等原因。所以，他現在變得比較敏感，他想到他如果直接同意的話，好像我們交情特別好，有人會不太高興我們走得這麼近，所以他現在決定不給了，本來他不守的但現在決定要守了。有沒有這種可能呢？當然有，所以我要準備B計畫，我覺得他不會守的地方，萬一他守的話，我還有個備案可用。

然而，在實務上，對方要這樣行動並不容易。首先，為什麼我們會認為他不防守？我們是根據整個情報去推測他會不會守，是根據當時的情勢、蒐集到的情報，推算出他有多少籌碼、有沒有可能的退路。這樣子想了一圈以後，我就可以推論出這件事情對他來講到底重不重要，是不是可有可無。比如說，他已經接了一個更大的單，所以他根本不必跟我搶這個小單，是吧？

我跟對方不一定是買賣關係，我們可能是競爭對手，都想搶美國的一個單。像是我們都是代工而對方日本公司，已經接到了政府的大單，所以如果再花時間做美國的單，他的人力、精神都負荷不來，那他很可能就會放棄美國的單，所以在談判上他不會守這個點。這些行動都是推算過的，我不是隨便提出。

第二，你再想想看，我們剛才假想萬一他守，我們要怎麼辦呢？可是，他怎麼可能有資源、足夠的人力、財力，守著每個地方呢？我們雖然還是可以想，萬一他還是真的守了要怎麼辦，對，「萬一」在理論上一定存在，但是實際上不見得存在，為什麼呢？

第一個就是先前講過的，我們有情報可以參考，像是他有更重要的事情、更大的單要做，所以他不見得會在上面跟我搶。第二個，如果要照純理論分析來行動的話，我每個地方都要守，那我得有多少兵？多少精神？多少資源？多少時間？這可能嗎？不可能，所以一定會有取捨。一取捨以後，我就知道我要選什麼地方，知道他不會守的地方在哪。

「攻其所不守」，就是要選定他不會守的地方，這地方不是我自己隨便憑空想像的，而是經過計算、推論的。但就像我前面講的，我們還是得為「萬一」作準備，這就是為什麼還要有B計畫。當然我們不可能有很多計畫來防止所有的萬一，所以我們只能夠抓一些點來準備，萬一他的做法跟我想的不一樣的話，那麼我就有準備好的下一步可以應變。

假設在理論上，對方可能走A、B、C、D四個點，但我不可能A、B、C、D四個點都防守、都準備，因為我的資源有限，而同樣地，他也不可能A、B、C、D四個點都走，對不對？所以，我們要為「萬一」準備的是，當他沒有這樣走的話，我要怎麼應變，然後再看他怎麼行動，我再發展後續的戰略。一開始，我們不必把所有應變的可能戰略通通根據邏輯全列出來，如果這樣做，我們就不用談判，也不能打仗了，因為我們沒有資源，沒有那麼多時間。

所以要記得，所有戰術都要根據情報計算過，依據計算，再來決定「攻其所必救」還是「攻其所不守」。「攻其所必救」，就是我們上一章談的，先進攻大的、困難的問題；「攻其所不守」則是先進攻談小的、容易的問題。當我談大的，「攻其所必救」的時候，我希望鎮住他，希望拖一下時間，這時如果可以達成協議最好，但有時我甚至要刻意破局，這種戰術叫「攻其所必救」。「攻其所不守」則是當我決定一定要達成協議的時候，要選擇那些對方不守的議題進攻，因為他既然不守，那我就很容易達成協議。接著再透過小協議累積善意，將一個個小協議堆積出來，最後達成大的協議。這就是兩種出牌戰術的基本功。

談判重點：

- 談判中攻擊那些我必定要取得，一定要把他它拿下來的地方。
- 對方的防守空缺就是你逐步累積的機會。
- 不要小看小協議的重要。
- 結合「攻其所必救」的談判策略。
- 需要準備備案但也無須面面俱到。

16 以迂為直

聲東擊西，假裝那是我要的

兵法解讀：迂迴前進，聲東擊西的技法

在前面幾章，我們談的都是出牌，像是「攻其所必救」或是「攻其所不守」，但是在這兩個戰術中，我所談的、我所提出來的要求都是我「真的要的」。

可是有時候，我在談判中提出的要求，並不是我真的要的，我是在「假裝我要」。這在戰術上叫作「佯攻」。為什麼我要假裝我要呢？有時就是為了要做到孫子講的「以迂為直」——不走直線，迂迴前進，聲東擊西。

《孫子兵法》的第七篇是〈軍爭〉，軍爭就是「軍隊在爭」，但他爭什麼呢？他是爭勝呢？還是爭利呢？在這就有很多學者討論了。因為我們曉得孫子講「利」，而兵家講的是利益的「利」，那到底在這裡，我是要爭勝呢？還是爭利呢？還是爭先？大部分的兵法學者認為，這裡是「爭先」，也就是我們能夠跑在前面。

為什麼要跑在前面呢？為什麼要「後發先至」呢？在〈軍爭〉篇裡，我們可以看到孫子說：「後人發、先人至。」我出發較晚，卻能夠比他先到。這很明顯地告訴我們，軍爭所要爭的，就是「先」。

孫子說：「軍爭之難者，以迂為直，以患為利。」我今天要爭，就是要爭先，但是它真正難的地方，是要「以迂為直」，把迂迴的途徑變成直通的捷徑。這就很奇怪了，因為迂迴的途徑要怎麼變成直的？又不是截彎取直。但在這裡，孫子的意思是：大家都認為我會走直線，但我其實沒有走直線，我走的是迂迴的。

接著，「以患為利」，這裡的「患」就是不利、禍患，所以「以患為利」就是當別人都覺得我不會走這條充滿了禍患的路時，我卻把它當作很有利的方向來走。我走的是對方沒想到的路，而且我彎的、迂迴的方式，他也沒想到。他之所以沒想到，可能是他把精神放在別的地方，追求別的目的了。所以這時候，我才可以「後人發，先人至」。

這就叫「以迂為直」，「軍爭之難者，以迂為直，以患為利」。

上面的說法聽起來不太容易，但是確實是一個「佯攻」戰術。在談判上來講，佯攻戰術又稱作聲東擊西，我明明要的是西，但我先假裝我要東。以前美國人跟台灣在進行知識財產權談判的時候，對方就用過這招。

實戰應用：假裝那是我要的

台灣跟美國過去曾有過知產權的談判，在此之前我們先談談前置談判是什麼，用英文來說是「pre-negotiation」，是在談判之前，雙方的幕僚人員先談關於談判所要進行的時間、地點、議題、人選等等規劃。時間、地點都比較好了解，但議題是在講什麼呢？關於「議題」這是在談它的疆界到底有多廣，裡面包含了許多東西。

舉例來說，我今天跟老闆要談判，我要談的是工資還是待遇呢？我如果談的是工資，只談這一件事情，那我們可能就要彼此鬥牛對抗了；如果談的是待遇，待遇的議題疆界就比較廣，包含的內容就會有很多種類，可能包括了工資、津貼、保險、培訓、假期等等。一個議題包括的範圍多，雙方在中間可以交換利益的空間也就更大。

結果，在談前置階段的時候，我們討論地點時「卡」住了，台灣人希望能夠在台北進行談判，這是我們一個傳統的想法，畢竟在自己的地盤上請示上級或蒐集情報都方便，就算找人演雙簧也不難，所以我們希望在台北進行。但同時，美國也提出希望在華盛頓進行。雙方彼此爭執吵著是要在台北還是華盛頓，突然美國人妥協了說，那就在台北談好了！

我們忽然贏了，沒想到美國代表繼續說道：「是啊，你贏了，但你要拿什麼東西還我呢？」最後提出要求，要換掉目前的談判代表。對方先前在地點的討論中讓了一步，他做出了心理學上的「互惠原則」。什麼是互惠呢？就是他讓步，那我相對地也要還他一步！所以該名代表就被迫換掉了。

有同學問我說：「老師，美國人為什麼不直接要求我們換人，要這樣聲東擊西，以迂為直呢？」那是因為，如果他直接要求換人，我們不見得會答應，可是他以迂為直，先在地點的問題上纏鬥，之後忽然放了，讓你覺得你贏了，甚至還欠他一份情。

在談判上，「互惠」（reciprocity）是一個非常重要的心理學原則。互惠是什麼？就是禮尚往來、有來有往。一般來說，互惠是人應該要做的，因為互惠才能表示你是一個善良的、可信任的談判者。所以當美國讓了步，台灣當然也得要還他一步。

有時候我們跟對方談判時，他提的要求，我不見得會答應他，有時他就算讓了步給我，我也不見得還他。但是，當我沒有回報他的善意時，我就得花很多時間解釋，解釋給旁邊圍觀的人，告訴他們為什麼他讓步但我沒有回報他。我沒有回報他，可能是因為他所做的不算讓步，他的讓步沒有誠意。然而，我花很多時間去解釋「為什麼我不回報他」，可是我越花時間解釋，反而越證明回報是應該的！要不然我為什麼要花那麼多時間解釋？

所以，美國人之所以「以迂為直」，就是看準我心理上會有壓力，這個坎我心裡過不了。你欠我一份情，所以你得換人。美國聯邦調查局FBI寫的談判書裡頭也有這招，它說「你千萬不要什麼東西都不讓！」你如果什麼都不讓，你反而會發現你忽然贏了一把原來可以不必贏的東西在手上。我心想：「哎呀！怎麼贏了！」但這時對方也會說：「是啊，你贏了，你拿什麼還我？」所以，在談判的時候，我如果什麼都不讓，等於是搭台讓對方唱戲！我什麼都不讓，他正好可以選擇他本來也不要的東西，故作慷慨狀讓給我，然後一口咬定他已經讓步了，要我回報他。這時候你再回頭來講「我並不是真的要這些東西」就說不過去了，因為剛剛我不是說我要嗎？

從這裡我們可以得到一個啟示：在談判桌上，你不能什麼都不讓，因為什麼都不讓，就等於是在配合對方演出，就是在「幫他演這一齣戲」。

以剛才講的例子來看，美國人假裝他要在華盛頓談，而我說要在台北談。雖然到最後是在台北，我們好像贏了，但還沒高興一秒鐘，我們就被迫更換談判代表，這時我們才發現原來那是一個局啊！那他設的這個局叫什麼呢？就是「以迂為直」！他迂迴前進，是假裝他要在華盛頓談，他也算準我不會答應，所以他才藉此來換人。

有人可能會說：「老師，那你可以答應他嗎？」當然可以啊！他要指定地點，我當然也可以答應他，讓他沒辦法在談判人選上面施壓。可是，我們通常比較不太敢讓步，因為談判還沒有真正開始談，光這兩、三下要求，我就讓步了的話，我們也會怕，這樣子是不是太示弱了呢？其他人、我的老闆，他們會不會覺得我讓得太快了呢？我們一猶豫在這些問題上，在那邊堅守立場，堅守到最後變成我的台被對方搭台了。

要避免這種狀況發生，我們就要在上桌談判之前，先跟老闆溝通好，哪些東西我爭，哪些東西我不爭，或者哪些東西我假裝可以要，但其實我兩、三下就會放，或我也可以研究美國人或其他對手的習慣。如果他過去習慣「以迂為直」，人是習慣的動物，照這樣來看，他下次繼續「以迂為直」的機會就很大。如果他繼續「以迂為直」，那我就有機會破了他的局。所以，要有這種機會，就要先蒐集情報，內部要先溝通，算準了現在是什麼情況，然後你再放給他。可是當你沒有準備，你也不曉得他是怎麼做，在這時候你可能就陷入被動了。

到這裡為止，你可能已經發現了，在談判的時候出牌，提出要求的方式，可以分成：「你真的要」、「你假的要」、「你試著要」。

「真的要」就是前面談的「攻其所必救」。我一開始就提出來我真的要的東西，而且一直不斷重複「我要、我要、我要」。「試著要」則是前面談過的，在談判時的各種試探虛實，像是「推推看」或是「information seeking」，就是在投石問路，提出要求再看他擋不擋我，對不對？他擋不擋我，我再決定我下一步要怎麼做。這個就是「試著要」。最後，「以迂為直」就是「假的要」。

我真的要，我試著要，我裝著要，然後我再看看他的反應。我們會「以迂為直」，對方也會「以迂為直」，彼此心裡都有數。所以我們可以慢慢看，看對方過去用過哪幾招，這次又怎麼呈現。這時你大概就可以猜出來這個局是怎麼來的，它的目的在哪裡。各位也可以想一想「以迂為直」實際上要怎麼應用、應對。

談判重點

- 「以迂為直」，假裝我不要以換取我真正的需要。
- 互惠原則是雙方讓步的潛規則。
- 「佯攻」戰術也是投石問路的一種做法。
- 談判桌上不可能什麼都不讓。
- 上場前溝通好哪些可以假意放掉。

⑰迂其途

用另一個議題讓對方分心

兵法解讀：引導他走向另一條路

「迂其途」是什麼呢？其實它也是一種出牌戰術，只是更為複雜一點。前面幾章我們談的出牌戰術，都是以我真的跟對方在談判為前提，不論成功或破局，我的重點都在對方身上。可是有時候，我關注的重點，並不是對面那個與我談判的人，而是周圍的人們，也就是我的競爭對手。

《孫子兵法》在〈軍爭〉篇裡說：「故迂其途，而誘之以利，後人發，先人至，此知迂直之計者也。」這什麼意思呢？「故迂其途，而誘之以利」，這裡的「迂」是迂迴的意思，我引導他，拐他走向一個岔路，而「其」就是敵方的、他的，所以「迂其途」就是我引導他走向另一條路，「故迂其途，而誘之以利」，要透過利誘來引導他。

實戰應用：後發先至，導向其他議題贏得勝利

(一)破局為目的的談判

過去有過這樣的例子：甲、乙兩家公司，他們都生產差不多的東西。當時有一個買方，他到甲公司要買B產品，希望甲公司報價，甲公司報了一個非常高的價錢。買方非常生氣，認為沒有人這麼離譜，最後當然破局。乙公司曉得這件事情以後在旁邊偷笑，想說怎麼會有人報得這麼離譜呢？後來買方當然就跑來找乙公司，乙公司也說甲公司太離譜了，報那麼高的價錢，而乙公司也很順利地拿下這個B產品的訂單。

然而，甲公司其實這樣做的目的，是要讓乙公司分心、分神，因為他們同時都生產A產品和B產品，所以當乙公司把重心放在B產品時，甲公司就有機會專注發展A產

品，甚至在A產品裡面設了一些技術門檻。B產品的市場規模其實並不大，B產品的市場兩、三下就被填滿了，填滿了以後，乙公司也花了不少錢，但當乙公司發現他們不能光靠B產品，而應該生產A產品，想要把重心再轉回A產品時，就發現A產品進入的門檻已經被甲公司提升了。甲公司在這段時間已經制定了很多技術規範等等，生產A產品的技術門檻，這些門檻擋了乙公司，讓他警覺到了危機卻進不來。

乙公司的人才、精神、資金，統統都被甲公司拐去B產品了。本來乙公司也有計畫要開發A產品，可是那時一看到B產品訂單的小利，又看到甲公司那麼離譜，這麼好的單子、生意，拱手讓給我，難道不拿嗎？所以乙公司一高興，他的注意力就整個轉到B產品上，關於A產品的研發與生產產生空虛了，而甲公司就趁這時趁虛而入，後發先至。

以上面的案例來看，我雖然出發比他晚，但我卻比他早到，因為他注意力被分散到B產品去了。雖然一開始，對方在A產品的生產設計，啟動得比我早，可是在我把他拐到B產品之後，我快速進行A產品的生產研發，設了一些規格、技術門檻，讓他進不來。而且我把他拐過去以後，他的資金、心力等等也花在B產品了，這讓他更難達成A產品上面的技術門檻。所以我才能「後人發，先人至，此知迂直之計者也」，也就是說，知道「以迂為直」戰略的人就是我。

整個話來看，「故迂其途，而誘之以利，後人發，先人至，此知迂直之計者也」，就是我「拐」他，我引導他走另一條路，使得我可以「後發先至」。

非常有意思的是，在談判的時候，假設我是甲公司，當買方要我報價，我故意報很高，讓談判破裂，讓買方去找乙公司，而乙公司見獵心喜，我誘之以利，使得他見獵心喜搶到這個單，跑去發展了B產品。由此可以看到，我跟買方在談的時候，我的眼睛看的不是買方，我眼睛看著反而是我旁邊的乙公司，我希望拐他進入到B產品。所以我們在談判的時候，雖然常見到有主有從，但要注意我跟買方的談判並不是主戲。那我談判的目的是什麼呢？破局，因為我根本不想發展B產品。

(二)破局跟達成協議是不矛盾的

在談判的時候，破局，或者故意破裂，這個破裂除了是談判的過程，它也可以是一個戰術——我可能要故意破局，但是破了以後，我還是希望最後能談成。所以你必須算好什麼時候要破局，局破了以後，在期限到之前，得有足夠的時間轉圜，必須留下足夠的時間，讓白臉出來轉圜，最後才能轉得回來。破局跟達成協議是不矛盾的。常常有人會說：「我為了達成協議，我前面不敢破。」我說：「不對，它們是不矛盾的，破局歸破局，後面你們還是可以達成協議。」

回到我們這裡講的案例，在那裡，破局不是工具。破局和協議之所以可以不矛盾，是因為破裂只是工具，但在案例裡，破局本身就是目的，而且他也沒準備最後要轉回來。為什麼要以破裂當目的呢？因為我不想談嘛！我根本不想要這個訂單，所以我故意談得很拙劣，讓我的對手被拐去，這個就是「迂其途，而誘之以利」。所以，我眼睛看的根本不是對面的買方，也不需要問是硬出牌還軟出牌，我當然是在硬出牌，但是我硬出牌的目的是希望讓我旁邊的競爭對手高興，讓他被我拐到另一條路上。

我們還是要曉得，《孫子兵法》也告訴我們「途有所不由」（〈九變〉篇），「有些路你不要走」。而在這，我們學的是《孫子兵法》中的「迂其途」，我要拐你走下一條路。孫子是很辯證的，他的說法有正有反，他是站在春秋時代陰陽家的觀念，凡事有陰有陽，有正有反，所以他一方面說你要拐人家，一方面也說你不要被拐。

有人曾在《孫子兵法》完成之後，詢問孫子：「你教別人打仗，那到底誰贏呢？雙方都學你的戰術，誰會贏呢？」孫子回答說：「誰犯錯，誰就會輸。」他說：「可勝在敵。」(〈軍形〉篇)我可以勝過對方的關鍵,就是對方自己。

「可勝在敵」,我可以勝他,關鍵在他。那我要不要被拐呢?一般來講,拐很容易會成功,因為人好利,一看到這個利是我想要的就想拿到手,但實際上這時候我很可能就被「迂」了,我們要非常小心。我們作為旁觀者,兩邊要都讀,要被迂,還是不被迂,需要自己計算。當我被迂或不被迂的時候,對方的成敗得失是什麼、對我而言有沒有什麼好的幫助?這些考量是我們自己要算的。

談判重點

- 談判的重點有時不在談判對手身上。
- 不論成功或破局,達成自己目的才是成功的談判。
- 誰犯錯,誰就可能輸掉,因此成功的關鍵有時就在對方身上。
- 透過利誘來引導對手,讓他轉移注意力。
- 談判時考量不只看著對面的人,更要考慮四周伺機而動的敵手們。

18 能而示之不能
故意示弱，讓對方進退兩難

兵法解讀：不真的資訊

(一) 能而示之不能

「能而示之不能」其實就是一個欺敵戰術——我明明可以做到，我卻裝我做不到。那麼為什麼我要裝成我做不到呢？讓我們回到《孫子兵法》的〈始計〉篇來看：「故能而示之不能，用而示之不用，近而示之遠，遠而示之近。」

「能而示之不能」，就如開頭中所說的，是指我明明可以做到，我卻裝我做不到，或是明明夠用卻裝不夠用，明明很近卻裝成很遠，明明很遠卻裝成很近。其實這就是在欺騙對方，也就是所謂的「欺敵」。

有人可能會想說：「老師，我們不想騙人。」但其實這不是騙人。我們「能而示之不能」或「近而示之遠，遠而示之近」，這種戰術是「虛張聲勢」，而虛張聲勢在談判上是可以被接受的，因為它不算謊話，它頂多算是「不真的資訊」。

(二) 掛形之地

《孫子兵法》在第十篇〈地形〉中說：「可以往，難以返，曰挂（掛）；挂形者，敵無備，出而勝之，敵若有備，出而不勝，難以返，不利。」

〈地形〉中介紹的地形是「掛形之地」，而這種地形「可以往，難以返」，意思是「我出去以後就很難返回了」。各位可以想想看，有哪些事情「可以往，難以返」？最簡單的就是「說話」。我寫字寫錯，可以用橡皮擦擦掉，但說錯話卻不能，這就是為什麼我們說話要非常小心，因為說話會讓你自己處在「掛形之地」。這裡的「掛」不是八卦的卦，而是掛東西的「掛」。「可以往，難以返，曰挂（掛）」，這種性質稱之為「掛形」。

孫子說：「挂形者，敵無備，出而勝之。」這是說，如果敵人在掛形之地沒有準備的話，那我出去，我當然就可以贏得勝利，對不對？然而，「敵若有備，出而不勝，難以返，不利」，敵軍如果有準備，那我出去，中了對方的埋伏，想趕快退又很難退，所以這個點就不利於你。

實戰應用：掌握主導權，讓對手跟著你走

(一)學會「拐」對手

什麼是謊話？就是我賣杯子給你，但這杯底破個洞，我卻跟你說沒壞，只是個瑕疵品，這就是不能被接受的謊話。但如果我口袋裡明明有一百塊，我卻跟你說我只有八十塊，我一定要殺價，這種做法則是虛張聲勢，這在談判上是可以被接受的。

在談判的時候，所有商業談判，話說到最後，其實就是兩個元素：時間、金錢。時間尤其重要，我們曉得誰有時間誰就容易贏——你有時間，你可以原地踏步，可以耗，可以破局再救回來。所以有時間的人，他可以玩很多的手法。沒有時間的人，因為時間太急迫了，所以在談判中，他的立場就相對處於弱勢。

通常我們在談判的時候，我們不會讓對方知道「我沒有時間」。如果我讓對方知道「我沒有時間」，那不就明白告訴他，我現在處在劣勢嗎？所以我不會說「我沒有時間」。通常的做法是：明明沒有時間，卻要裝成有時間。這也是虛張聲勢。

有時候，我們不是沒時間裝有時間，而是「能而示之不能」——有時間卻裝沒時間。這是什麼意思？明明是沒時間卻裝有時間，才是正常的狀況，為什麼要故意裝成沒時間？其實這樣做的目的就是要「拐」談判對手！我們要讓他卡在半路上！讓我來講個例子。

(二)讓對手「卡」在路上

過去有一家公司要採購電腦儲存設備。這公司是個集團，滿大的，之所以要採購電腦儲存設備，是因為目前的儲存容量到今年十一月就不敷使用了，而經過優化處理之後，還可以撐到明年一月。所以其實儲存容量還可以用到明年一月，可是他在和電腦公司談判的時候，在談設定規格、什麼時候交貨時，無意中透露了他們集團總公司的儲存容量大概在十一月就會用完了。但是它明明可以到明年一月，他為什麼還是跟對方說只到十一月呢？他這個做法，就是在「能而示之不能」，也就是故意示弱。對方電腦公司的業務聽了得意得不得了，很高興，他想說你也沒什麼時間了，所以趕快打電話給美國總公司說：「趕快準備出貨吧，因為這個生意應該簽得到。」沒想到，貨在半路上，但買方卻完全沒反應！

買方完全沒反應，就換成賣方很急啊！對方想說，你很急的話，那你為什麼沒反應呢？他已經先跟總公司報告說這案子一定簽得到，所以總公司已經把買方集團要買電腦儲存設備的錢，可能都已經做到它的財報預估、收入裡面了。結果現在貨已經出了，買方忽然就沒了反應，那這個業務怎麼辦？進退兩難啊。

集團的採購跟我說，他的目的其實就是要讓對方業務進退兩難，然後再逼他讓一點步，因為如果他不再讓步，我還可以耗著，最後我跟另外一家公司買也可以。但是今天你都已經跟總公司報告了，你也要交差，你不能讓貨走到一半，對不對？這時我就可以跟他說，我能幫你度過難關，但是你要減價給我。所以他就用這種方式告訴賣方「你必須要減價」。我常常告訴很多業務，當你的客戶講了什麼，說到要買什麼的時候，你不要太高興，不用太早跟總公司回報，因為太早回報，太早出貨，最後反而會發現你卡在半路上。

卡在半路上，其實就是《孫子兵法》在第十篇〈地形〉說的：「可以往，難以返，曰挂（掛）；挂形者，敵無備，出而勝之，敵若有備，出而不勝，難以返，不利。」

在談判的過程裡面，我們要怎麼看呢？回到之前的例子，買方「能而示之不能」，讓賣方的業務非常高興，也沒有實際調查，就先跟總公司報告，總公司也很高興，就把這筆錢寫在當年的財報裡面，然後出貨。他本來很高興能做到這個大單，結果沒想到貨走到一半卻發現買方沒有回應，買方居然不急！買方不急，反倒賣方的業務卡在中間，沒有辦法跟總公司交代。這時候他只能拜託買方，把貨買了，因為貨都已經在船上了，拜託買方趕快騰出空間來買這些設備吧？這時候，買方可能就會說：「好啊，我可以幫你解決這個問題，但是你在其他地方必須回報我。」為何這個業務會變得如此狼狽？就是因為他卡在「掛形之地」啊！

在這裡很有趣的是，〈地形〉講「敵若有備，出而不勝，難以返，不利」，敵人如果準備好，那你出兵，你既勝不了又回不來，那為什麼你還會出兵？是不是因為你的情報不夠，要不然就是敵人故意拐你、示弱？就像剛才講的例子，明明儲存設備還可以延用到明年一月，他卻裝成他只能用到今年年底，裝成很急，所以你才會出貨。這就是他在拐你，他「能而示之不能」，你被拐了出兵，所以就被困在了「掛形之地」。

總結來說，為什麼我會去攻打呢？因為我可能過度自信，我以為我能夠處理的了，要不就是我的情報不夠，要不就是對方示弱而我貪小便宜。換個方向來看，那我要怎麼引誘對方讓他卡在桌上呢？其實就是「能而示之不能」，再加上「掛形之地」。這兩句話雖然來自《孫子兵法》的不同篇，但是我們把它們合在一起看，剛好可以看到它們成了前後呼應的配套。

談判重點

- 虛張聲勢是談判上是的重要手段。
- 談判虛實的「虛」不算謊話，頂多算是「不真的資訊」。
- 小心走進「掛形之地」，落入對手的圈套。
- 有時間卻裝作沒時間，就是為了拐對手卡在半路上。
- 說錯話是很難收回的，容易失敗者就在於衝進對手準備好的陷阱。

19 風林火山

控制談判的節奏

兵法解讀：從風林火山看談判攻、守節奏

這一章我們要來談「風林火山」以及談判桌上的節奏。在談判時，談判雙方是在「互動」，而互動可能有快有慢，像是我出牌進攻，或我在他進的時候防守他。在攻與守之間的節奏是不一樣的。

《孫子兵法．軍爭》中有一段非常有名的話，這段剛好可以作為參考：「故其疾如風，其徐如林，侵掠如火，不動如山，難知如陰，動如雷霆。」

這句話是什麼意思呢？軍隊行動時，有時候會迅雷不及掩耳般，「疾如風」，像疾風驟至，一樣行動；有時候則行動得非常緩慢，就像樹林一樣緩慢，徐徐前進，你慢慢地走，像樹林一樣「徐如林」。「侵略如火」則是當我真的決定要發動攻擊，我的攻勢會像烈火般猛烈，像大火一樣侵略如火。如果我決定守住不動的話，我像山一樣穩固，「不動如山」。我也能夠藏匿我真正的意圖，讓你不知道我到底要攻哪一邊，「難知如陰」，就像陰雲蔽日，雲遮擋了太陽，你根本看不出來。最後，在發動衝鋒的時候，軍隊「動如雷霆」，如雷霆萬鈞般進攻。

「疾如風，徐如林，侵掠如火，不動如山，難知如陰，動如雷霆」，這句話在談判中，即是在描述漂亮的談判節奏。在日本戰國時代，武田信玄特別喜歡《孫子兵法》，在他的軍隊後面擺有四面大旗，分別就是：風、林、火、山。

「疾如風，徐如林，侵掠如火，不動如山，難知如陰，動如雷霆」，這個節奏聽起來容易，但在實際談判時，並不是這麼容易做到。因為我在談判時，除了要曉得我什麼時候攻擊，我什麼時候要慢慢地出牌，還另外涉及到談判的「間奏」。間奏是什麼意思呢？間奏就是出牌之間的時間間隔，在我出第一張牌跟第二張牌中間，要隔多久。

實戰應用：出牌步調就是談判節奏

(一) 放慢節奏

在出牌的間隔中，有很多技巧可以讓你放慢節奏。比如說，今天他拒絕了我提出來的第一個方案，那我第二個方案要什麼時候提出來呢？我如果很快就提出來，他也接受第二個方案，那對方可能就會說：「你既然有第二個方案，那你為什麼要先提第一個方案浪費你我的時間？還是你想故意騙我？」所以，這時候我就不能太快提出第二方案，我就慢一點，也就是要「徐如林」。

假設我今天去談一個專利的買賣，或者我去跟一位小型發明家談專利交易。這位發明家可能只擁有一項專利，而我想買下它。然而，可能發明家是個年輕人，有傲骨，他不喜歡財大氣粗的人用錢砸下去把專利直接買走，或者，他非常珍惜自己的發明，他不想倉促輕易地賣掉它。在這種情況下，我就不能匆忙買下這個專利。有時候，買藝術品時也是這樣，我必須表示出我十分了解他的辛勞努力，了解他的發明，贊同他。在這個過程中，慢慢磨合，讓彼此的溝通順暢、價值觀類似，我們再開始談合作，談購買專利或購併公司等等。這種做法就是「徐如林」！

不管如何，在戰略上、戰術上，我們要學會怎麼放慢。可能有人會講說：「在談判時，我可能有個議題是可要可不要的，我可以放給他，我為什麼要跟他爭呢？」這時候要爭，目的是要放慢整個談判的節奏，放慢整個談判的腳步，所以才在這議題上跟他周旋，最後再放給他。這就是「徐如林」，我慢慢地放、「徐如林」地放。

除了「徐如林」，在談判中也有「侵掠如火」。在我真的決定要進攻時，我就得要「侵掠如火」。可能是真的攻擊他，或是用各種情緒作為戰術，暴跳如雷、不悅生氣等等，然這可能也是一個賽局——我們都曉得《孫子兵法》所講都是先後呼應，有正有反，所以當他說要「侵掠如火」的時候，真的是「如火」而已，要注意到這只是一個戰術，並不是要真的「火」下去，把自己和對方都燒掉了。使用情緒戰術時，也要留個白臉，重要的是如何控場。

(二)不動如山

在這一章，我真的要講的重點是：「不動如山」。我們在談判時，有時候會發現對方「沒反應」，像日本人就很會使用「沒反應」這招。相對地，美國人就比較直接，我丟一張牌出來，要不然就YES、要不然就NO，再不然就是IF。能夠達成協議，當然很高興；沒有共識的話，我們就分道揚鑣。如果不是YES，也不是NO，那你可以說說你想怎麼做，也就是IF。

但沒想到日本人還有第四種反應，是什麼呢？就是沒反應，「不動如山」。沒反應就很有意思，他沒反應，你也不曉得他贊成還是反對，是不是？當然日本人沒反應可能是有理由的，因為他必須要在內部先尋求共識，這就會花比較多時間。

可是美國人有時碰到日本人這樣不動如山，就著急了。美國人說：「為什麼沒反應呢？」日本人說：「因為你們的要求太嚴苛了，我們內部需要一點時間才能有共識。」美國人等不及，可能就會說：「好了好了，那我降低一點要求，這樣會不會有助於貴公司達成內部的共識？」所以日本人不動如山，結果反而是美國人修改自己立場，讓他自己跟自己談判。這也滿厲害的！

那當然還有另一種「不動如山」——如果我今天決定不動，待著，耗著等他，他會怎麼引誘我出戰？這點下一章我們再來談。但在這，我們可以先看到，「不動如山」本身就要求有足夠的定力，內部得有共識。「不動如山」有時候是故意的，有時則是實話，因為整個決策過程需要尋求共識。

那除了這個以外呢？，我們要了解到真正的「不動如山」必須在內部有共識。要是我是長官，下令不動如山，但我控制不了內部意見，有人要偷偷出戰了，那該怎麼辦？所以，如果內部做法不一致，就算不動如山，整個節奏也控制不住。

(三)不讓對方猜出你的下一步

更有意思的是「難知如陰」。「難知如陰」就是對方沒辦法猜測出來我的下一步。為什麼會這樣呢？因為在談判的時候，我們經常會想說，對方跟我已經太熟識了，他一定猜得到我的下一步，或是他能夠從我過去的行為模式推測出來，或他可能自以為是，認為我今天的讓步就已經承認了我比較弱，所以我接下來還是會讓步。不管是他真的知道，還是只是猜測，我們都要讓他猜不到，沒辦法知道。這要怎麼辦呢？就是讓我們的行為不一致。

很多談判學者就建議，像是我可以在第一個議題讓步，但是在第二個議題非常強硬，讓對方明白不能夠由我第一個議題的讓步來推測我會一路讓下去。我的讓步只是一時的柔軟，但是我的柔軟不等於示弱，你不能胡亂推論。這也就是說，我的不一致行為可以防止他不要亂推論。我可以選擇放棄這邊的要求，但在另一邊卻非常強硬，你有我前面的讓步，你就很難猜到我後面會忽然翻臉，變得強硬。在這之間到底怎麼回事？你猜不出來，這個就是「難知如陰」。

回到「疾如風，徐如林，侵掠如火，不動如山，難知如陰，動如雷霆」這句話，你如果再仔細看的話，似乎可以看到這句話是有音樂，有旋律的。過去上海交響樂團就曾經出過一部關於《孫子兵法》的交響樂作品。當然我也買了這個專輯，可是我還是聽不出來裡面哪一首是《孫子兵法》中的哪一篇，我真的聽不出來，可能是因為我還沒有那麼高段。可是由《孫子兵法》能夠出交響樂，似乎也就可以看得出來「疾如風，徐如林，侵掠如火，不動如山，難知如陰，動如雷霆」，它不就像是一段樂章嗎？所以在《孫子兵法》中，你不只是讀「兵」，你還可以享受「兵」後面的音樂，這也很有趣。

一開始，我說要把你培養成一位東方的智者，一起努力當東方的智者。那東方的智者到底是什麼？東方智者不只是學「兵」，我們還可以在學「兵」後面文化底蘊，引申出來的音律。這些內容可以讓你在事後回顧整個思考的發展，也讓《孫子兵法》變得非常豐富。

談判重點

- 間奏就是出牌之間的時間間隔。
- 在戰術上，我們要學會怎麼放慢，有周旋的時間空間。
- 「不動如山」戰術運用要內部先有共識，一起堅定沉住氣。
- 有時在第一個議題讓步，是為了讓對手產生很好說話的錯覺。
- 使用情緒戰術時記得要控場。

20 遠而挑戰者，欲人之進也

對方可能引誘我出戰的三種狀況

兵法解讀：推測對方的行動，預判對手的反應

在前一章的時候，我們說到「疾如風，徐如林，侵掠如火，不動如山，難知如陰，動如雷霆」，這段話說明我們可以事先設計好談判的節奏。像是在什麼時候我必須動得非常快，很快地提出一些要求要對方馬上決定，這是「疾如風」；或者，我在什麼時候態度要非常強硬，跟對方興師問罪，這是「侵掠如火」；或有時候，我在出第一張牌跟第二張牌之間的時間間距拉得很長，這是「徐如林」；或有時候，在對方出了一張牌

後，我相應不理，這則是「不動如山」；有時候，對方根本猜不出來我接下來會有什麼樣的反應，他沒辦法從我前面的戰術推論出我後面的戰術會怎麼走，因為我「難知如陰」；當然，如果我真的要發動攻擊，我也能「動如雷霆」。

上面這些說法，都假設了我能夠控制談判的節奏。然而，有時候我控制不了節奏，因為在我要控制節奏時，對方不會只待在那等著，他也一定會有動作！所以要提醒各位的是：我們在談判中，講的都是「互動」。既然雙方有互動，那對方一定也會想盡辦法引誘我、激怒我或者欺騙我。

在這一章要來談談我們被引誘出戰的情況。

在《孫子兵法》裡面，我們也可以在〈行軍〉篇裡看到，孫子列了十七種不同的狀況。當然孫子講的是，我們可以從十七種不同的狀況，來推測對方的情形，預測或觀察對方的行動，而這裡面其實有很多內容可以在談判上啟發我們。

(一)遠而挑戰者，欲人之進也

《孫子兵法・行軍》裡提到：「遠而挑戰者，欲人之進也。」對方遠離他的陣地來挑戰我，他抱有什麼目的呢？他希望我能夠前去攻擊他，他希望我能行動。這裡的「欲」就是希望，「欲人之進也」就是希望我能夠前進，希望我能夠採取行動。為什麼他要這樣呢？在《孫子兵法》裡，我們可以看到，有很多時候我們反而怕對方不動，因為不動就不會露出破綻，這時候我們就會希望他動。

(二)辭卑而益備者，進也

〈行軍〉裡面還有另外一句話令我印象深刻──「辭卑而益備者，進也」。「辭卑」，就是言辭非常謙卑，「益備」的益則是老當益壯的益，而「備」是準備、備戰。

這句話的意思是：他表面上準備得非常卑躬屈膝，擺出謙卑的態度來跟我談，但其實他在背地裡備戰。這整個動作叫「進也」，「進」是前進，但不是我前進，而是他前進。他用談判的方法來迷惑我，或只是談給別人看，表現出他很想談，但他根本不想談。這就是談談打打的談判戰術。他準備要攻擊我，但他明修棧道，暗度陳倉，先麻痺我或演給其他人看說他想要談判，而後面卻找個理由破局，進而發動攻擊。所以我們要小心這個「進」。

(三) 半進半退者，誘也

〈行軍〉篇裡還有一句話說：「半進半退者，誘也。」「半進半退」是什麼意思呢？從談判來看，對方經常有兩個人，一個想要，一個不想要，如果他們都不想要或都想要，那裡面可能沒戲可唱。有時候這兩人是夫妻，或只是對方隊伍裡面的兩個夥伴，他們一個溫和，一個強硬，一個想要，一個不想要，看起來在演雙簧，他們這樣做的目的什麼呢？就是要引誘我，引誘我能出更好的價錢。

實戰應用：談判進退間的實用技巧

(一) 倒帶的技巧

談判就好像我們講話一樣，很多時候我們對事情可能不太了解，這時候不要隨便回應，而當你不講話的時候，對方也不會知道你的深淺。在談判上，我們也從來不追著打，有一招談判技巧我們稱作「倒帶」（rewind），就像錄音帶倒帶一樣，但倒帶、倒回去是什麼意思呢？

比如說，我和你談A議題，我們從A談到B，你接著問我對於B議題有什麼意見？但其實我對B議題不熟，只是我不會輕易被你引誘，所以我如此回答：「關於B議題，其實它的本質還是A議題，既然你會問我關於B議題有什麼看法，那你可能對A議題還不太了解，所以我再把A議題說明一下。」藉此我又將話題倒回來A。然後你可能從A議題又蹦出來C議題，那我還是把它倒回來A，說「你還是不太了解，它的本質還是A」，這樣做代表我絕對不會跟你去談C議題，因為C是我不熟的地方。

舉個例子來看，我今天跟你談判，而你們是一個團隊，你可能會輪番派人出來跟我談判，但我可能只有一個人，不過我恃才傲物，我就一個人跟你談判，談著談著，你再把話題帶到心理學說：「談判跟心理學關係密切，而我剛好又對心理學有一點了解。」於是我也跟著你一起談到心理學，接著你們又派了一個人出來跟我說：「其實不同文化背景的人，在心理上，對於事情的看法可能還是不太一樣，所以我們可能還要了解一下文化人類學。」再把話題扯到文化人類學，剛好我也對文化人類學有一點心得，所以我又與你追著去談文化人類學。

然後，你們又派一個人出來說：「文化人類學談到人類過去的不同背景，其實考古學最近也有一點新的發現，它推翻了或修正了文化人類學上的一些結論或看法。」於是你再跟我談到考古學。我還是自不量力，跟著談考古，只是我真的對考古完全不了解，講著講著，我露出很多破綻，因為我根本不曉得怎麼回答。

這時候你抨擊我說：「你連考古都不懂，憑什麼教談判呢？」我變得沒有資格教談判的原因是因為我不懂考古，怎麼會淪落到如此尷尬狼狽的地步呢？因為我一路被對方引誘，深入險境到了一個我不熟的地方。我從談判，被引誘到心理學，再從心理學被誘導到文化人類學，再從文化人類學誘導到考古學，最後就栽在了考古。

所以，如果我不論懂不懂，就喜歡賣弄，喜歡講話，我講得越多，我就越容易露出破綻。我常常跟同學說，如果你沒有很熟那個議題就不要講話，對方就不會知道你的深淺，或者你可以偶爾透露一點，但不要全講，說不定你就只懂那麼一點，只說一點就是在暗示對方你懂這題目，只是你不想講。莫測高深常常可以幫我們度過一些尷尬的場合。

對方引誘你，這招就是前面提到的：「遠而挑戰者，欲人之進也。」我希望你前進，我就故意挑釁你，或者你來挑釁我，我一下子忍不住就開口了，我一開口一講話，就落到了一個陌生的場域和話題裡，然後我就在這陌生話題裡面被解決掉！我一開始就不該前進，但他引誘我進，我以為我可以不動如山，可以控制整個談判與回應的節奏，結果我一被你挑釁以後，我就控制不了了。

所以行軍時要非常小心，當然我們跟打仗不一樣，在談判桌上，要小心的就是你講的話、話題的選擇、地方的選擇。一旦輕易跟對方辯論，露出自己的破綻，那談判就輸掉了。

(二) 談談打打的談判戰術

談判有時並不是一氣呵成，常常都是談談打打，像是今天如果我要停戰談判，我是先談判再停火，還是先停火再談判呢？如果你看韓戰談判，你會發現他們不是先停火再談判，也不是先談判再停火，而是談談打打。所以有時候，我們談判，是談假的，之所以假，是因為我們目的在於欺敵，讓他認為我要準備投降了，準備來談和了，但其實我背後不斷地備戰。

在談判理論上，我們可以用談判的方法達成不談判的目的，也就是表面上我看起來很想談，但其實我根本不想談，或者我之所以談判是為了要欺敵。所以有時候談判不只是單軌，它可能是雙軌。

像是我今天要買某家公司，我曉得購併這家公司，一定會引起很多競爭對手，讓大家都爭先去搶這家公司，而這家公司也會變得拿翹，讓收購價格變得很高。所以如果我真的要買這家公司，我可能會跟他約在另外一個城市談，可能在香港或其他地方，但我同時也在台北談，這只是為了欺敵的，明修棧道、暗度陳倉，在這我就同時有兩個戰場、兩個軌道。

除此之外，對應到《孫子兵法》中「辭卑而益備者，進也」這句話，還有一些重點，第一個是「辭卑」，就是言辭非常謙卑，另一個是「益備」，也就是你怎麼去準備。我們用談判的方法來達成不談判的目的，「辭卑而益備者，進也」，這時對方就會想要前進。

(三)黑白臉的做法

前面我們提到孫子說：「半進半退者，誘也。」這是容易打亂布局的做法。我們常常看到一個人想要，一個人不想要，那我為了幫助談判或交易做成就會更努力，因為雖然他們內部有不同意見，但起碼他們沒有都拒絕，至少有一個有興趣，是不是？所以我只要在有興趣那方，再加把勁兒，可能再降低一些價錢，讓我的東西更具有吸引力，讓想買的那個人能夠贏得共識，最後買下我的東西。

對方的「半進半退」，就是利用一個人想買，一個人不想買，來引「誘」我，引誘我出了更好的價錢做成這個生意。這種「誘」的做法就有些像黑白臉。

美國人也會做這一招，而他們也會破這一招。有時候你可以直接就跟對方說：「我怎麼有個感覺，你們兩個看來像是在玩黑白臉？」我沒有直接戳破他們說：「你們在玩黑白臉！」我只是說：「我有種感覺好像你們在玩黑白臉？」他們聽了就說：「沒有、沒有、沒有！」之後讓他們在旁邊溝通，先把意見確定了，確定要買了，我們再來談價錢。

美國人這招是可以用，但你作為賣方必須要很有自信，對不對？也就是說，你跟買方說，你們內部先有共識再來跟我談，你確定要買再談價錢，當你講這句話時就表示了你是很強勢的，或起碼你很有自信，知道就算賣不了眼前這個人，我也可以賣別人。

可是有時候我們沒那麼有自信，於是我們看對方一個要買、一個不想買，我們很直覺就會想，那我降低一點價錢，幫助那個想買的，讓他多一點火藥可以幫助我打敗那個不想買的，把交易做成。當我這樣想，這樣做的時候，我就被利誘了。我本來想「不動如山」，想「難知如陰」，不要那麼快回應，但一看到他們的動作，我就回應了，把香甜的牌都端出來了，結果就是我的整個節奏都被打亂了。

談判重點

- 談判不是想怎樣就怎樣，而是互動的過程。
- 不只你會設計戰術，對方也會，因此在互動開始後更需要小心謹慎。
- 談判節奏有時雖然掌握在我們手裡，卻時時有被對方破解的可能。
- 若在對手引誘你出擊時隨便回應，容易一開口就是破綻。
- 有時裝深沉，以莫測高深的姿態應對，更能為我們樹立形象。

21 戰或不戰
我們和決策者之間的衝突

兵法解讀：通盤的考量

我們繼續談到談判的節奏。我們作為談判者，我的節奏可能跟我主子、老闆的節奏不一樣，這中間可能會發生衝突。也就是說，屬下跟長官對談判的節奏有不同的看法，那到底要聽誰的呢？

這幾章下來，我們都在討論談判時，該不該出牌、什麼時候出牌、怎麼控制節奏的快慢。前幾章提到我們雖然要控制節奏的快慢，但也可能被對方打亂了節奏，他可能引誘我出牌。但其實還有另一個情況會使我的節奏被打亂，那就是我跟我老闆的想法不太一樣，這時候該怎麼辦呢？

我們先看一下《孫子兵法》，在〈地形〉篇裡有一段話，我們可以思考。孫子說：「故戰道必勝，主曰無戰，必戰可也。戰道不勝，主曰必戰，無戰可也。」

「戰道必勝」的意思是我根據戰爭的道理、戰爭的規律來分析，我一定會獲勝，有必勝的把握。但「主曰無戰」，你的主子、君王卻跟你說「不要打」，不過這時你也可以堅持要打。為什麼呢？因為我在現場。在現場的我比較清楚現場勝敗，清楚現場的情況，知道我們到底需要再投入多少兵，知道我們能贏不能贏，但你的主子在後方，他會有我在現場看得這麼清楚嗎？當我覺得可以打的時候，就算主子說「不要打」，我還是可以打，我這樣做的目的基本上還是為了國家。

「戰道不勝」則是說，如果沒有必勝的把握，根據戰爭的道理來看，我不會勝利的話，「主曰必戰」，就算主子說「一定要打」，我也可以不打。

你可能會問：難道孫子要我直接跟主子發生衝突嗎？但孫子後面接著講：「故進不求名，退不避罪，唯民是保，而利于主，國之寶也。」「進不求名」指的是進兵不是在企求戰勝的名聲，我去打仗，不是根據我個人的考量，而是根據戰爭的道理，所以我也不在乎名聲。我不打，但同時我也不迴避抗命的罪責，所以我「退不避罪，唯民是保」，只求保全民眾而已。

「而利于主」，最後主子會發現我所做的符合國君的利益，因為最後戰爭戰勝了，國君也是要贏，但他可能因為一時的判斷而失誤了，像是他可能被小人誤導，或他不知道實際狀況，等我打贏了他才發現，我所做的符合他的利益，是不是？所以我並不是計較個人毀譽，而是根據現場的專業判斷而為，所以孫子說這是國家的寶貴財富，「國之寶也」。

「故戰道必勝；主曰無戰；必戰可也。戰道不勝，主曰必戰，無戰可也。故進不求名，退不避罪，唯民是保，而利于主，國之寶也。」所以整句來看，意思就清楚了。

讀完了這句話後，你有沒有發現這好難！這好難，像是這裡面最大的問題是「戰道必勝，主曰無戰，必戰可也」，就是我從戰爭道理考量推論出會贏，可是長官說不要打，那我還是要打；或者我說不要打，長官說要打，我還是可以不打。可是問題是，在談判的時候，我在現場，我考量的只是一個戰場，但長官可能考量好幾個戰場。

實戰應用：談與不談的布局

(一) 非撤不可

我也常告訴同學，我們在談判的時候，可能不是只在一個棋盤下棋，而是在好幾個棋盤下棋。

可能我在這個棋盤，可以再等下去，我可以多得一些利益，如兩百元好了。但是，我為了花時間等，我另外一邊反而損失三百元，所以算一算，我寧可不要多等，以免為了這兩百元卻損失三百元，對不對？我當主子，我考量兩個棋盤，可是你作為屬下，只負責第一個棋盤，你不一定知道我另外還有別的考量。

當我決定放棄那兩百元的時候，你跟我說：「報告長官，可以贏，再等一下就能多得兩百元！為什麼不去拿呢？」我需要告訴你說，我不要為了這兩百元，而另外一邊損失三百元嗎？我其實不需要告訴你，你只要盡到你的言責就好了。就算你告訴我，你提醒我，我考慮以後我可能還是決定放棄。屬下考量的是一個戰場、一個棋盤上面的博弈，但主子可能考量是好幾個棋盤上的博弈，所以屬下還是要聽主子的話啊。

所以孫子這句話，我並不特別同意，因為他只是在一個戰場上來談。也許你有你的專業，有時像我們現在是文人領軍，那你作為軍人，在現場認為可以贏，但我認為不要打。當年杜魯門與麥克阿瑟也是這樣，麥克阿瑟打韓戰的時候，杜魯門叫他要回來，他就要回來，你不要越過鴨綠江，是不是？因為我考量的是整體的政治考量，主子考量的比較多。又如美國要撤出阿富汗，很多的現場的軍人反對撤軍，可是總統說不行，我非撤不可，不然會永遠深陷泥淖之中，所以最後還是得撤。

(二)掌控談判細節與節奏

如果我作為主子說我們今天要談，但屬下不認真談怎麼辦？過去有過這種情形，甲、乙兩家公司的談判破局，破局以後，甲公司很生氣，認為乙公司很過分。這時候，乙來求和。甲公司的老闆就告訴底下的人說：「好，我們就跟乙公司的人談一下。」那底下的人說：「我們才剛破局，他現在來求和，我們不需要這麼快就開門讓他進來，改變態度緩和關係，今天不談可不可以呢？」長官說不行，一定要談，長官可能有別的考量，他一定要談，這時候怎麼辦呢？

後來甲公司底下的人說：「好吧，既然長官說要我談，但我就讓他們談不成！」長官下令說要談，底下的人把長官的命令「摻水」，讓它談不成，他怎麼做的呢？他找了一個很大的場地，拉了一張很長的桌子，坐兩個人。談判場地所營造出來的氛圍，和談判的結果絕對息息相關，他找了一個很大的場地，氛圍冷得不得了，你進來以後走路都會發出「叩、叩、叩、叩」的聲音，講話都有回音。氛圍非常冷，再加上你對話時不太願意理會對方，這樣談得成嗎？當然談不成。

這個就是用談判的方法來達成不談判的目的。如果就純談判技巧來講，我們有很多種方法可以達成不談判的目的，你看我可能談得揮汗如雨，但其實我根本不想談，可是你從長官的角度來講，長官說要談，但底下的人「摻水」啊！長官有心要談，底下讓他談不成，那這就是「上下不同欲」，整個談判就卡在這兒，不是嗎？你當屬下的，你說「戰道不勝，主曰必戰，無戰可也」，認為剛破局，對方就來談，而我馬上也笑臉相迎，這一定談不好，因為我們就等於在示弱，應該不談才對。但是主子說一定要談，孫子說「無戰可也」，我也沒辦法不戰，所以我只有想辦法談得拖泥帶水，讓人沒有辦法落實。

那如果你是主子，在這種情況——我今天要談但底下的人讓我的命令沒辦法完全落地——如果你真的確定要貫徹命令，一定要反過來看，思考要怎麼樣抓緊每個細節，否則底下的人就算要打，他也會想辦法不打。

在這我就告訴底下的人：雖然孫子告訴你，我們為了戰爭的目的，可以不聽主子的話，主子責備我也不迴避，因為我不計個人毀譽，只為戰爭的勝負，但是在談判上或在其他狀況，並不是這樣！因為我們作為屬下，看到的只是一個棋盤、一個戰場，但主子可能看的是好幾個棋盤，他多算了好幾步。所以在這裡，我倒覺得不必完全聽孫子的說法。

反過來看，如果你是主子，我也要提醒你：孫子這句話也告訴了你，當你下命令的時候，底下的人可能會「摻水」，他不見得會聽你的話，他可能陽奉陰違。所以在這時候，你要想辦法讓你的命令能夠落地。

再講個例子來結尾，上面說到美國從阿富汗撤軍，但以前川普當總統的時候，他也想從阿富汗撤軍，為什麼他卻沒撤成呢？因為美國總統跟底下的人交代並不是一個口令一個動作，當他要撤的時候，底下可能也會把你的命令摻水，有很多方法讓軍徹不成。所以拜登就得到了教訓，他吃了秤砣鐵了心，非撤不可，這才撤成啊！不然底下的人一定會掣肘你、為難你，一定想辦法找很多理由，讓你不得不拖著，撤不出來。

主子的命令不見得都能落實，如果你真的確定都要落地的話，那每個細節都要抓準。這才會控制談判的節奏，而不是讓前線的人按照他的想法控制了談判的節奏，要是這樣，那談出來的結果可能就跟你想的不一樣了，是不是？

談判重點

- 上下不同心，往往也是打壞談判節奏的致命傷。
- 談判時，下屬通常只考量一個戰場，但長官看的可能是好幾個戰場。
- 想要下屬貫徹命令，一定要思考怎麼抓緊每個細節。
- 避免下屬陽奉陰違，就要讓他跟著你的節奏談判。
- 在前線者有自己的考量，但要記得有時候要整合好幾個棋盤上的博弈。

第四卷

纏鬥與收尾

22 踐墨隨敵，以決戰事 掌握談判桌上的變化

兵法解讀：隨著戰場的變化，讓自己成為一川活水

(一)踐墨隨敵，以決戰事

在談判開場之後，我們進到纏鬥的「中場階段」。在中場階段我們可能會與對方纏鬥，可是在纏鬥的時候，很多情勢也會發生一些變化。所以我並不是悶著頭在打仗，而是要能夠掌握到情勢的變化，掌握到關鍵的時刻。

這一切在《孫子兵法》第十一篇〈九地〉裡就有幾段令我們深思的話，可以參考。

孫子說：「踐墨隨敵，以決戰事。」「踐」是實踐的踐，「墨」就是木匠所畫的墨線，「踐墨」即是畫線。我的線要怎麼畫呢？要隨著敵人而變化，所以是「踐墨隨敵，以決戰事」，我要根據戰場上的敵情變化，決定我該怎麼做。

我也經常在談判課上告訴同學，我們要讓自己是一川活水，而不是一潭死水。雖然是一川活水，但我也能隨時停下來，接收來自四面八方即時新送進來的各種資訊。

我們在談判的時候，這世界沒有停止轉動，有很多新的資訊正在發生，它們可能跟我的供需關係有所變化，對不對？所以，當我等到新的資訊來了以後，我必須要停下來處理這些資訊，重新排列我的優先順序，重新設計我的戰術，這就是「踐墨隨敵」，我在這也是一川活水。

好，既然我是一川活水，那我們要找什麼呢？我希望在談判桌上掌握情勢變化，那我要看的是什麼變化呢？一般來講，我們要看的是：對方的立場有沒有鬆動、哪一扇門是可能被打開的。對方的立場可能有好多扇門呈現給我，有的門是封死的，有的門是虛掩的，所以我要「推推看」，我要看哪個門可能是封死的，哪個門有一點機會可以打開。

(二)敵人開闔，必亟入之

在〈九地〉篇裡，孫子也講：「敵人開闔，必亟入之。」「敵人開闔」就是敵人的立場打開，出現漏洞；「必亟入之」則是我必須很快地衝進去，必須迅速趁隙而入。所以我在等，我在掌握他的態度變化。只要一發現，他的門打開了，我就可以衝進去。

更具象的是〈九地〉篇的最後幾句話，當我們掌握到他的態度變化後，我必須沉著冷靜，如果我也大聲嚷嚷，只顧講話，我就沒有辦法注意到細節。所以孫子說，我們要非常小心，靜下心來掌握看他的態度變化，看哪一扇門是打開的。也就是孫子所說的：「故始如處女，敵人開戶，後如脫兔，敵不及拒。」

「始如處女」就是一開始的時候，我要像處女那樣的沉靜；「敵人開戶」，因為我很沉靜，所以敵人就放鬆了心情、戒備，不論是在說話或是打仗，他都顯露出破綻。等我找到了對方的破綻之後，我就準備攻進去了，這個時候我的速度要非常快，就像逃脫的兔子那樣迅速行動，使敵人措手不及、無法抵抗，這就是「後如脫兔，敵不及拒」。

這幾句話雖然都在〈九地〉裡面，可是我們把它們兜起來看，就變得很有意思、很有形象。他說你的談判策略，不管要怎麼設計，它都必須是活的，這就叫「踐墨隨敵，以決戰事」。我「踐墨隨敵」，我隨敵人、隨著戰場的變化，讓自己成為一川活水。

那我要看什麼變化呢？就是要看敵人會不會「開門」，露出破綻，要不然大家守得非常緊，連風都吹不過去，像個高牆一樣擋著，沒有破綻。但是，說不定對方還是有破綻啊，這就是「敵人開闔，必亟入之」。

他為什麼會「開闔」呢？因為他放鬆了戒心。為什麼放鬆戒心呢？因為我什麼都沒動，我就靜靜等他，這就是「故始如處女」，沉靜得像處女一樣。當我沉著冷靜，敵人就放鬆戒心，開門了。一旦「敵人開戶」，我就可以趕快衝進去，就像逃脫的兔子一樣，讓他來不及抗拒我，「後如脫兔，敵不及拒」。

在這裡，我們要抓到他態度改變的瞬間。我們要掌握他的態度改變，但改變什麼呢？「敵人開闔」，開闔什麼呢？哪個門會打開呢？哪一扇門是我們要看的呢？再仔細來看，我們發現其實談判桌上，對方提出來的要求有「三扇門」。

實戰應用：三扇門

第一扇門是「要求」。對方的要求到底明不明確？如果他非常清楚提出他的要求，那可能就沒有什麼轉圜或迴旋的空間。可是如果他一開始給的要求是含糊的、模糊的，那就有轉圜空間了。像是「你一定要做出對我有利的答覆」，「有利答覆」就是含糊的、模糊的。在這裡就可以有不同的解釋，就有了迴旋、轉圜的空間了。

第二扇門是「期限」。對方提出要求是否有設定期限？如果他說「你一定要三天之內做出答覆」，那期限就非常清楚了。如果他只是順便帶到說「你要盡快做出答覆」，那這個什麼叫作「盡快」，這可能就可以談囉？所以第二扇門是「期限」。

第三扇門則是「後果」。後果是什麼呢？像是我很清楚地說，你如果沒有做到的話，那麼你可能有後果A、B、C；或者對方只是大致說「你們如果不能做到的話，後果自行負責」。「後果自行負責」是希望利用不確定性來震懾住對方，但有很大一部分的原因也是他沒有把自己鎖緊。因為「後果自行負責」這個說法，其實也很容易解套。如果對方講了很具體的結果，他就非做到不可，非把他的結果或威脅付諸實現不可，不然他沒辦法解套；可是如果他說「後果自行負責」，他就比較容易可以解套，因為這講的模糊不清。

所以這三扇門就是：要求什麼、什麼時間做到、後果是什麼。三扇門，我們可以把它們擺在桌上來看，看對方有沒有露出破綻，可能我話講著講著，跟他越講越開心，他可能無意中講了一句話：「哎呀！你們一定要準時交貨，不交貨我就完蛋了！」他這句話其實就告訴了我，他其實沒有退路，是不是？不然我不交給他，不是還有別人可以交貨給他嗎？可能他的其他供應商出了什麼問題，所以現在只能指望我，不經意間講了一句話：「哎呀，大哥你不能開玩笑，一定要準時交，不然我們就完蛋了！」「完蛋」這個話一講出來，其實就洩漏了破綻。

在談判過程裡面，我們要找對方有沒有洩漏哪扇門是可以開的。比如對方可能講說「你一定要我現在回答你的話，答案是ＮＯ」，很明顯這個門並沒有封死，因為如果不是「現在」呢？那可能就是ＹＥＳ啊！

我們在談判桌上，要找的是對方話中一些有意或無意的破綻，來看出這裡我可不可以推。我抓到這個時機，他的門一開闔，啪！我就提出要求，我就推了進去。這也表示談判是有節奏的，一開始非常安靜，你動得很慢，最後你動如脫兔！在這樣的過程中，我們希望抓到每一個談判桌上些微的變化，為自己爭取到最好的利益。

談判重點

- 在談判時，要讓自己是一川活水，而不是一潭死水。
- 再周延的準備，也要明白不可能把每個突發狀況都算進去。
- 等對方露出破綻時，要沉得住氣。
- 待對方顯現缺口時，立刻就往那點攻擊。
- 在談判纏鬥的時候，要努力掌握談判桌上每一個細微的變化。

23 與初來之心乖戾
出其不意，改變談判的局面

兵法解讀：當反應與假設的不同時

《孫子兵法．虛實》裡面有一段話描述得非常鮮活：「我不欲戰，雖劃地而守之，敵不得與我戰者，乖其所之也。」

「我不欲戰」就是我不想打，當我不想打，我就會「劃地而守之」，我在地上畫條線，在這條線內我都守得住。為什麼都守得住呢？因為對方根本不敢打過來，那我當然都守得住了。「敵不得與我戰者」，對方為什麼不會打過來，不與我交戰呢？因為我

「乖其所之」。

「乖其所之」這四個字很有學問。「之」就是往前走，而在我往前走的時候，我可能會有一些假設，設想對方會有什麼反應，但對方的反應跟我想的完全不一樣，這個狀態就是「與初來之心乖戾」。古人在注釋《孫子兵法》這一句時，將「乖其所之」解釋為「與初來之心乖戾」。

「與初來之心」就是我初步的假設；「與初來之心乖戾」則是他的反應和我的「初來之心」不同，當反應與假設的不同時，會讓人疑惑不決，不敢進攻，不敢執行後面的計畫。

實戰應用：出其不意的絕招

我們要來談談「出其不意」。在談判桌上的一來一往的互動，往往都經過非常理性的周密計算，我推想對方可能會有什麼反應，計畫我怎麼出牌。我越小心，我越謹慎，我算得越周延，越可能會遇到發生的狀況跟我想的完全不一樣，這個就叫「出其不意」。

出其不意的情況可能會在一開始就發生。我以為他會進攻A議題，結果卻是攻B議題，他聲東擊西，這就讓我覺得驚訝。也可能在發生在談判中間，我提了一個對方應該會拒絕的要求，結果他居然答應了；或我認為我提出一個他應該答應的東西，結果他居然拒絕了！這就破壞掉我後面的計畫跟準備了，就像骨牌一樣，他推了第一張，我後面全倒。

在談判時，我們常常會有一些預期，因為我們不是沒有準備就上去談判的，我會根據目前的經濟情勢、他的財務狀況、他過去的談判行為、慣性和我對他的理解，推論出一些假設，設想我這張牌打出來，他是會驚惶失措，會手舞足蹈，會痛哭流涕，還是會暴跳如雷。不管他高不高興，他的反應可能都在我的預期之中。根據這些預期，我也會預做反應，因為我既然猜得到他會有什麼反應，那我下一步該怎麼做，我也要事先準備好。這個預作準備，英文就稱為「pre-programmed reactions」，就是事先輸入程式的反應。

當我覺得我準備得很好，胸有成竹上桌，打出了我原來想的牌。結果，沒想到他的反應跟我想的完全不一樣！我原以為他會接受的，結果他居然拒絕，我原以為他會生氣拒絕的，結果他居然吞忍了下來，跟我後面想的完全不一樣！因為不一樣，所以我事先的準備全部白費了。我感到有點慌亂，有點錯愕，最後談判的主動權就被對方搶走了。

我以為我掌握了主動權，我先出牌、我要怎麼樣，全都事先準備好，結果他的反應跟我想的不一樣，變成我愣在那，反而後面他要怎麼做，我就猜不到了。這招就是「出其不意」。

比如說，我今天跟你談判，根據我對你的了解、你過去的行為、你的個性，我會假設如果我把棍子舉起來，你一定會求饒，然後你就會說：「對不起啦，我知道錯了。」但我也不是真的要打你，我只是準備教訓一下，嚇嚇你，所以當你求饒的時候，我就會放你一馬說：「好啦，那這次先不算，那你下次要……。」

我原假設整個局勢應該是這樣，但沒想到我今天教訓你時，你居然沒有求饒！不但沒有，還嬉皮笑臉，跟我說：「打啊！打啊！誰怕誰啊？打啊！」我心想你怎麼會這樣？難道轉性了？怎麼會忽然不怕，又這樣嘻皮笑臉呢？

於是我就想你一定有高人指點，你才敢性格一百八十度轉變，我甚至懷疑你後面是不是躲了什麼人？像是我今天只要我棍子一打下來碰到你，就會有很多攝影記者衝進來，拍下我打你的暴力之行，讓我對整個情形百口莫辯，我想其中必定有詐！不然你怎麼會這麼反常呢？

我想必然有詐，所以我猶豫不決，我的棍子揮不出去，我只好跟你說：「哼，你弄個圈套讓我跳，我才不上當呢！今天心情好，不想打你，我走了。」如果必然有詐，那我幹嘛配合演出啊？為什麼會這樣呢？因為你的反應跟我想的不一樣，你的反應和我「初來之心乖戾」。

我們在談判的時候，也要準備好對方的反應可能跟我想的完全不一樣。我以為他一定會拒絕我的要求，但他也可能答應；我以為我提出來這麼好的條件，一般人很難抗拒，但他偏偏就抗拒。所以我們一定要準備對方可能不會如我所想，在有A計畫之後，一定還要準備B計畫。

那反過來，我們自己可不可以也玩這招呢？當然可以。對方賭我不會答應的時候，我就答應他！什麼時候他會賭我不會答應？像是讓步、開門，當我門是鎖的，他賭我不會開，結果沒想到我卻把門一開，讓他從門口摔進來，出其不意，賭我不會答應的時候，我居然答應。我也可以玩這招，讓對方措手不及。

每一個人都可能會玩這招，我們可以玩，對方也可以玩，所以我們要永遠把它放在心裡。剛開始學談判的時候，大家都非常小心，可是當我們越來越熟了，我們就會以為自己很有經驗，所以很多事情我們都預先做好假設，結果對方忽然跟我想的不一樣，一下子就手腳慌亂。

有很多情形都會導致這樣的情況，最後我們講一個例子，就是讓步——對方很可能賭我不會讓，但我讓給他。我們可以玩這招，但也得準備對方也會玩這招出其不意。出其不意常常會改變談判的敵我態勢，改變了整個局，對此我們要小心謹慎，還要進行準備，把備案都準備好，這才是一個比較穩妥的做法。

談判重點

- 當反應與假設的不同時，會不敢進攻，不敢執行後面的計畫。
- 談判的主動權被對方搶走的原因，有時是因受到出其不意的攻擊。
- 在談判的時候，要準備好對方的反應可能跟我想的完全不一樣。
- 用「讓步」讓對方嚇一跳。
- 玩出其不意絕招時，要把備案都先準備好。

24 不若則能避之
掌握談判過程中權力的消長變化

兵法解讀：作戰看的是相對權力

我們曾在第二十三章說過，在談判過程中可能會有新的變化，像是對方可能忽然開了一個門，有忽然出現的機會等等。在這一章，我們則要指出：除了對方的行為可能會改變外，權力也會消長。

我常拿太極兩儀圖作比喻，在黑裡面有白，在白裡面有黑，對不對？這就是強裡面有弱的因子，弱裡面有強的因子。黑色最強的地方，就是白色最弱的地方，白色最強的地方也就是黑色最弱的地方。太極圖也不斷在流轉，不斷消長、變化，正所謂「天行健，君子以自強不息」。

(一) 兵無常勢，水無常形

好多年前，德國弗萊堡大學（Universität Freiburg）有個博士生，他的博士論文把我在北京大學出的一本談判書翻成德文，並且把我的談判主張跟哈佛大學的做比較。他後來把我這本書翻成德文，跟他的論文一起出版。

出版之後，他的指導教授從德國飛來台北請我吃飯，教授是個八十幾歲的漢學家，非常有名，跟我說他的學生翻譯了我的書。這本書足足翻了三年，問了我將近兩百個問題，由此德國人做事的嚴謹便可見一斑。

更重要的是，他有兩百個問題，其實表示了我們有很多看法不太一樣，這也表示了文化障礙有多難跨越。有些戰術，對我們中國人來講很正常，但是他以身為德國人的角度說他沒辦法接受，而我卻認為這很容易啊，為什麼想不通呢？

不管如何，在他翻譯的時候我不斷提醒說，你要知道在我的書裡有一個重要的觀念——我們認為權力是動態的、會消長的。這也就是孫子講的「兵無常勢，水無常形」（〈虛實〉篇），權力像水，總是不斷在變化。

(二) 敵則能戰之，少則能逃之，不若則能避之

在《孫子兵法・謀攻》裡面有一段講得非常清楚，孫子說我們在談判的時候或在作戰時，要看的是彼此相對的權力。要記得是「相對權力」，因為孫子從來不會單純地講「絕對權力」，我們永遠都是比「相對權力」。如孫子說：「敵則能戰之，少則能逃之，不若則能避之。」

「敵則能戰之」，意思是我能勝過他的話，我就進攻。孫子在同一篇前面也說到：「十則圍之，五則攻之，倍則分之。」（〈謀攻〉篇）如果你的人數是對方的十倍，你可以包圍他；如果是對方的五倍，你可以進攻他；如果是他的兩倍，你可以分兵在兩個地方攻擊他。這就是他所講的「敵則能戰之」。

接著，「少則能逃之」，當我的數字、勝算比他少，那我要退卻，要擺脫他。「逃之」看起來好像是逃之夭夭，但有些學者特別強調——這裡的「逃」，不能解釋為「逃

跑」，它其實是「擺脫」或者「退卻、退開」的意思。

更重要的是「不若則能避之」，「不若」就是各方面條件都不如敵人，他強，我弱，這個時候就要「避之」，我就要避免與他一戰，要閃開他。

我們可以看得出來，「敵則能戰之」講的是數字，「少則能逃之」講的也是數字，而「不若」講的是情勢。雖然我數字贏他，但也許這情勢對我不利，是不是？所以「不若則能避之」的「不若」，是情勢對我不利的「不若」，是劣勢。這就是我們講的「相對權力」。我們不只是要找籌碼，我們還要比籌碼。

實戰應用：權力是變化消長的

因為權力不斷在變化消長，所以我們在談判的時候，必須抓到權力情勢對我最有力的時候。先前講過，我們要衡量看看自己有多少斤兩，我有多少分量，再決定現在要不要提出這個問題、要不要引爆衝突、要不要跟老闆提出這個要求。我要看的其中一個重要因素就是我有沒有足夠的分量。

在談判桌上，我要抓到權力間的關係，確定我有足夠的分量，可是在談判中，權力關係還是會變化，所以在過程中間，尤其是在陷入膠著時，我更要注意權力的變化！因為說不定有別的議題被掛鉤進來了，有新議題進來以後，我就可以用議題掛鉤的戰術增加我的權力，或者他可能用議題掛鉤，把別的議題放進來談，這樣我們兩個權力平衡就會隨之改變。

或如有人忽然加進談判，像張三忽然加進來，李四被找進來結盟，新的人進來，形成了同盟對抗，因此權力關係又改變了。隨著時間推展，新的議題、新的人很可能會加入，它們的加入形成新的情勢，根據這些情勢變化，談判的權力就會消長。那我們在桌上能不掌握這個消長嗎？

或者說，我們今天要跟某一個國家談判，買下或購併他們國家的一家公司，那我也要注意他們國家的政策有沒有改變。政策一改變，那這個權力就會出現消長，權力的天秤就改變了。我可能因此有了權力，或我因此喪失了一些籌碼。

另一個要強調的點是：「敵」、「少」、「不若」，它們是會變的！在談判過程中，它們是會變的。我們剛剛也講到，比如說我今天到另一個國家，像是東南亞或非洲，那我要投資的項目，如果剛好能和他們國家現行的五年計畫對接，那這就是我們之前講過的「諸侯之謀」。我的投資能跟他對接，對接以後，彼此的合作當然愉快。我去投資，我去談判的時候，我朝中有人，我當然也就有籌碼囉！

可是，當經過一次大選以後，原本的執政黨落敗了，反對黨執政而有了新的經濟策略，於是我原本朝中有人，現在變成朝中沒人了，是不是？我的權力也就因此改變了，那我還要繼續投資嗎？還是我要跟新的政府重談一個新的協議？

最典型例子就是馬來西亞，馬來西亞在二〇一八年之前，當政的就是國民陣線，而國民陣線裡最大的馬來人政黨是巫統黨，巫統黨的首相是納吉・阿都拉薩。後來二〇一八年國民陣線落敗，納吉也被控涉及許多貪腐案。納吉下台以後，馬哈迪・默罕默德，老首相再度班師回朝，成了新首相。這時，過去納吉談的很多政策項目新政府就不認帳了，比如說跟中國大陸合作的東海岸鐵路、跟新加坡合作的新隆高鐵等。像新隆高鐵就整個取消了，而東海岸鐵路，他們則要求中國必須降低成本再重簽協議。用我們的講法來看，就是「權力消長」！在納吉當首相的時候，你朝中有人，那後來馬哈迪上來，權力就發生了變化，所以你談判的籌碼就消失了。

所以我們在任何地方投資，都要考慮到這個地方的情況。現在我可能認為這件事情很重要，或我現在很有權力，所以我要拚一次。可是經過一段時間後，新的議題冒出來了，有些事情變得更重要了，或新的人進來了，事情的優先順序也就因此重新排列，我的權力發生了消長，所以我的戰術當然就要隨之調整。

談判重點

- 權力像水，總是不斷在變化。
- 談判比的永遠都是「相對權力」。
- 一定要觀察人事的改變，這些改變同時會影響你的「敵」、「少」跟「不若」。
- 「敵」、「少」跟「不若」權力條件的改變，影響我們到底要用什麼樣的策略。
- 談判陷入膠著時，留意新議題的導入。

25 常山之蛇
建立靈活的團隊

兵法解讀：前後呼應、相互支援的重要

建立靈活的團隊，這是每一個公司領導人最大的夢想。我在許多公司上談判課，他們常跟我說：「老師，要如何建立一個良好的團隊？就如同『常山之蛇』。」提出這個問題的人，顯然也對《孫子兵法》非常熟悉，令我印象非常深刻。

良好、靈活的團隊是我們都想追求的理想，而《孫子兵法》在〈九地〉篇裡面講了這一段話：「故善用兵者，譬如率然；率然者，常山之蛇也，擊其首，則尾至，擊其

尾，則首至，擊其中，則首尾俱至。」

這段話是什麼意思呢？意思是你今天用兵，你的部隊最好就像「常山之蛇」一樣。「譬如率然；率然者，常山之蛇也」，這是說常山裡有一種蛇，名字叫率然。你打這隻蛇的頭，牠的尾巴就過來支援；你打牠的尾巴，牠的頭就過來支援；你打牠中間，頭和尾巴都過來互相支援，非常靈敏、靈活。

那孫子講這一段的時候，原來是在講用兵，我的部隊要能夠前後呼應、相互支援。在頭部遭遇到攻擊時，尾巴就會來支援；尾巴遭遇攻擊，頭就會來支援，身體中間遭遇攻擊，頭尾都來支援。可見這個陣勢非常有彈性，也非常有紀律，彼此相互支援，能夠用最少的兵力發揮最大的作用。

實戰應用：團隊合作的建立

(一) 談判要靠默契

在談判中，我們當然也希望我們的團隊就像「常山之蛇」呀！當企業老闆跟我說，想把團隊建立成「常山之蛇」時，其實這裡隱含了幾個概念。第一，你的團隊必須經過良好的訓練，而且平常要經常演練，因為有時談判必須靠默契。

什麼時候要靠默契？比如說黑白臉，假設我今天出去談判，我跟對方說：「我要請示一下長官。」對方說：「好啊，那你現在打電話問。」你當著他的面打電話給長官，可是今天你沒辦法打給長官，因為他剛好出國忙開會。不見得找到可能算好事，因為真的找不到，你也可以藉此拖一下時間。如果一定要找，最好是打電話問一下，找到後長官說不行，接著把你罵一頓，那這邊也可以守住，對不對？

如果一定要長官要接電話，可是長官真的不在，那你可能就得打電話給你同事，你打過去可能馬上就說：「王經理，現在有事情跟你報告一下……」可是接電話的人當然不是王經理而是你同事，但他一接到你電話，就必須馬上進入情況，跟你繼續演下去。他不能笑場跟你講說：「欸，你有什麼問題啊，怎麼叫我王經理？你打錯電話了吧？」這就完全沒有默契。而且打電話，有人笑場，對方難道聽不出來嗎？一被聽見，你這一招就沒辦法演了，就破功了。所以你打電話回來找王經理，就算打給他旁邊同事小李，他也可以馬上扮演王經理的角色，馬上跟你演下去，這叫什麼呢？就是「默契」。

默契並不是天上掉下來的，而要練習的。你們必須是個團隊，必須一起上課，一起練習，在課堂上要能夠練到我怎麼講，你就怎麼接。

又比如說今天我出去談判，假設我是主談的人，在談判桌上，正常情況就是我負責談。對方問我一個問題，我想轉交給艾瑞克，我可能會說：「艾瑞克，你回答一下。」但這個說法是不對的，為什麼呢？因為剛才都是我在跟對方說話，艾瑞克搞不好在恍神，在那打瞌睡，我猛然一個問題丟過去，艾瑞克才剛轉醒，怎麼接這招呢？我當然不能這樣轉過去，那我該怎麼做呢？我要做的是，先把對方的問題重覆一遍，向對方證明我沒有理解錯誤，確定他真的想問這個問題，接著我就把這題就轉述一遍給艾瑞克，我說：「艾瑞克，對方公司想知道……，是不是麻煩你說明一下。」

艾瑞克如果沒睡著，那對方問第一次的時候，他就應該有所警覺，這題可能會交給他來答，腦筋裡可能就會想他要怎麼回答。如果我的團隊有訓練過，艾瑞克也不會搶答，因為他必須接到我的命令，他才能答，是不是？所以這點要訓練。然後，當對方講完以後，我講說：「你們是想知道……，是不是？」我重複一遍他的問題，接著我再跟艾瑞克說：「艾瑞克，你大概也聽到了，他們想知道……，是不是麻煩你說明一下。」在這裡我又轉述一遍。我重複一遍，轉述一遍，是為了要替艾瑞克爭取思考的時間。重複一遍，轉述一遍，再加上他自己原來聽的一遍，他就總共聽了三遍。

如果艾瑞克跟我有默契，他也會發現當我每轉述一遍，我的話之中也有一點點變化，這些變化是我要暗示他「我想要你回答哪一個部分」。艾瑞克要聽得懂這個暗示，不要什麼東西都答出來，讓對手知道太多也不好，是不是？那艾瑞克要怎麼知道他要回答哪一部份？這就要靠練習了！

在國外一些比較精緻的談判裡，他們在談判桌上還有暗號。因為主談代表常常沒有時間思考，所以通常都會安排一個觀察者幫他查看情況，幫他看情況的變化。像是看到對方有個穿黑衣服的人坐下來，引起一陣騷動，他就要透過暗號告訴他：「這誰啊？要不要研究一下？」或者像是「對方的立場，早上跟下午怎麼差這麼多啊？我們要不要停下來研究一下？」又像是「總公司來了一個指令，我們要不要重新思考一下戰術？」又或者「我們隊伍裡面，怎麼有人老放炮，要不要教訓一下？」

當主談代表沒時間思考的時候，我作為觀察者看到這些細微變化，我覺得有必要叫停，但我要怎麼告訴主談代表說要停呢？我不見得坐在他旁邊，我也不見得希望對方知道我是觀察者，所以我不能直接傳紙條跟他說，這樣所有人都會看到我傳紙條，不就知道我是觀察者嗎？

所以觀察者有暗號。舉例來說，我帶筆記本上桌，一旦發現情勢不對，我就撕掉一張摺起來放在口袋裡，撕掉有聲音，摺起來有動作，主談者一聽，一瞄，過一陣子就把談判叫停了。他不能馬上叫停，因為馬上叫停又會穿幫了，是不是？或像是我們的人在那坐一排，我是觀察者，忽然把手伸出來伸懶腰，那主談者一看，他就曉得我要叫停。

叫停以後，主談代表問我說：「你叫停，是因為剛剛看到什麼？」我就回答說：「報告，我看到……。」我講完以後，主談者可能會請其他的隊友來討論，最後再做決定。等討論完，做了決定，我們就曉得下一回合該怎麼談了，再進去談。

在這一進一退中間是有紀律的，但這紀律是怎麼來呢？就要靠平常的演練，因為默契需要訓練，不是渾然天成的。

(二)團隊成員不能頻繁更換

既然默契是需要練出來的，那就有一件重要的事要留意：團隊不能經常換！以前我幫很多公司上課，他們選了很優秀的人來上課，組建了公司很優秀的談判團隊，因為這個人非常優秀，所以受訓完，不到幾個月，他就升官了，升官了團隊就換了人。假設我們團隊有八個人，有一個人升官了，新來一個人加入，那我們就變成了七加一，七個人有默契，一個人是從頭學起，這樣默契怎麼來？

我當時跟他們老闆說，你這樣子我不好帶，最起碼這些人上完課之後團隊要維持一年不變。你要升他，或什麼都沒有關係，但既然被選出來擔任談判小組，在這一年有很多的案件要談，不管是購併、擴張、結盟，他們就是負責談判的小組，而這個小組必須是個「常山之蛇」。它們要練，才會有默契啊！

有人可能會說：「老師，不對吧，雖然這個小組經常負責談判，但他們又不是每一個都懂。」對啊，不是每個都懂，但他們是在「談判」，懂的部門可以作為幕僚，在我談的時候，提供資訊。我們也可以選幾個上桌談，但還是我們這些有默契的人，是不是？

至於公司制度要怎麼調整，可以看這些人談出來以後的考績、表現、KPI，以及跟談判結果直接相關的部門等等。這些怎麼掛鉤是制度問題，這要靠各公司自己設計。我在這只是要說：我盡力把你的團隊訓練成為「常山之蛇」，這個蛇起碼要維持一年，要不然的話，這個蛇就散了，怎麼訓練都沒辦法變成一條「常山之蛇」。

談判重點

- 「常山之蛇」是一個理想，但經過練習可以建立。
- 團隊成員要有默契，平日就要多演練，要互相丟問題。
- 你拋我接，接住做的球不漏接，就是「常山之蛇」的基礎。
- 團隊默契要時間建立，所以不能頻繁更換成員。
- 只要能彼此相互支援，就能用最少的人力與精力發揮最大的作用。

26 金鼓旌旗

清楚的指揮體系

兵法解讀：好的指揮系統的重要

在上一章我們談到，談判就如同作戰一樣，我們的隊伍要能夠像「常山之蛇」般靈活，可是談判隊伍要靈活，必須有非常好的指揮體系，大家才能夠服從命令。

就像之前提到的「疾如風，徐如林，侵掠如火，不動如山」（〈軍爭〉篇）。當我談到風林火山的時候，我對這段體會是作戰的節奏、談判的節奏、出牌的快慢。也有朋友跟我說，他讀這一段體會到的是秩序——如果你不是一個人談判，而是帶大部隊出來作戰的話，該快該慢，都得要有嚴格的指揮體系和良好的紀律。

孫子也有談到這點，一個好的指揮體系非常重要。

(一) 大吏怒而不服，遇敵懟而自戰，將不知其能

在《孫子兵法》中，孫子其實很擔心底下的部隊是不是各打各的，所以在第十篇〈地形〉中，孫子特別說到：「大吏怒而不服，遇敵懟而自戰，將不知其能，曰崩。」「大吏」，在這裡面講的「大吏」是大的官吏，當然就是指大的部將。「大吏怒而不服」，部將憤怒而對你的指揮不服。「遇敵懟而自戰」，遇到敵人就會怨懟生氣，擅自領兵出戰。「將不知其能」，主將不了解他的能力，主將沒辦法控制你的部將。「曰崩」，孫子說這樣你的部隊就會崩壞、崩解。因此「大吏怒而不服，遇敵懟而自戰，將不知其能，曰崩」。

(二)金鼓旌旗

談判管理需要有一個非常好的指揮體系，而孫子也談了很多關於指揮體系的內容。在〈軍爭〉裡，孫子說：「夫金鼓旌旗者，所以一人之耳目也。」

「金鼓旌旗」，「金」就是金銀珠寶的「金」，「鼓」是鑼鼓，「旌旗」則是你的旗幟，我透過打旗語，揮舞大旗，來指揮我的部隊鳴金收兵或擊鼓前進。「金鼓旌旗者，所以一人之耳目也」，意思就是你要跟著這個號令來走。

(三)勇者不得獨進，怯者不得獨退

孫子在〈軍爭〉篇也說：「民（人）既專一，則勇者不得獨進，怯者不得獨退，此用眾之法也。」「民（人）既專一」，我的人民或部隊，既然要能夠專一；「則勇者不得獨進」，那驍勇善戰的人，就不能自己擅自往前跑，自己進攻；「怯者不得獨退」，膽小的人也不能擅自丟盔棄甲跑了；「此用眾之法也」，這是指揮大部隊的作戰方法。這句話其實就是在說：你的部隊要能夠有良好的指揮，就必須要有指揮體系來告訴他們說什麼時候該衝、什麼時候該講什麼。

實戰應用：跟著劇本走，聽從談判指揮者

(一) 談判管理

舉例來說，在談判時，有時我要按兵不動，像是對方來了一封信或來了一個計畫，我暫時不回應，但在某些時候，如外交談判或一些危機談判，有人急了，可能就會自己擅自跟對方去回應，自己擅自傳達信息，打亂我一盤棋。所以在談判的時候，我們要留意negotiation management，也就是「談判管理」。

有時候，我們跟對方的溝通管道不只一條。比如我跟你說：「張三，人家不是請你吃午飯嗎？你去跟他講什麼？」、「李四，人家請你吃晚飯嗎？你跟他講什麼？」藉此我可以觀察對方的反應，再決定後天我跟他老闆打球的時候，我要再講些什麼，把事情收攏回來。

所以我要在什麼時候傳達什麼信息、傳給誰，我是黑臉還是白臉，要講好話還是壞

話，這一盤棋我都算過了，我有我整個計畫，所以你不要擅自亂講。我請你今天去講，只能講這些東西，結果你講的太多，讓對方知道太多，反而壞了我整個布局，這是不對的。所以，在什麼時候講什麼話，要講到什麼點上叫停，這些都需要談判管理。

(二) 談判桌上沒有英雄

談判的時候，我們也強調：在談判桌上，不能有英雄。假設今天我們的談判，基本上是要求和，我希望能夠穩住他，希望他不要背著我採取行動，所以我們今天上桌可能要拖點時間，或者扮演笑臉，總之要盡量拖著他。結果你一上桌，你受他的羞辱，笑不出來，反倒桌子一拍開始罵人，一罵，談判就破裂了。你可能想說「破就破，誰怕誰啊？」但你搞錯了，你奉命是要拖住他。

我們常講「明修棧道，暗度陳倉」，可能我今天的談判根本不是主戲啊！它不是主戲，是配合別人在演的，結果你在那玩真的，桌子一拍讓談判破裂了，其他的戲還怎麼唱？其他人的棋該怎麼下呢？所以，談判桌上不能有英雄，是不是？

有人也跟我說，我們做談判演練時，老師要我打分數，那我就要看哪個人表現得好來決定分數。人資有時候就跟我講這話，我就回他說：「你對談判就不懂了。今天在談判隊伍裡面，我們講的是團隊，有人他會去扮黑臉，桌子一拍，假裝要走，然後白臉的人出來，把他拉回來。這些都是戲，你知道嗎？我會讓一切的凶、不凶、收、放，都在控制中，我有一套的劇本。結果你跟我說，你要看誰表現得好，那你說是拉回來的人表現好，還是拍桌子的人表現好呢？他們都在扮演他的角色，都是在演戲啊！」所以，我們不能夠為談判中個別的人打分數，我們要看的是整個團隊前後呼應的戰術。

每次要打分數，一定在談完之後，每個團隊他演練完，上到前面來做匯報，跟大家報告說他們在談判之前是怎麼設計的，然後在什麼地方設計了一個轉折、什麼地方準備拍桌、什麼地方白臉出現，最後在他發現對方反應跟他的想法不同時，當他驚訝的時候，要怎麼變招。我們要看的是這個，要看的是前面怎麼設計，有沒有人統一指揮，是不是？還要看有沒有人中間失控，不按劇本來演戲，以及最後的結果是什麼。我們要看的是一個談判團隊的訓練。

所以團隊是沒有英雄的，團隊只有事先設計好的劇本，還有一個指揮體系。這就是「勇者不得獨進，怯者不得獨退，此用眾之法也」。這在談判中非常重要，這也是為什麼我們需要指揮體系。

(三) 桌上的領導

那在上談判桌的時候呢?我們以前也常問說,領導者要不要上桌呢?這裡的基本的原則是:「領導不見得在桌上,但桌上要有領導。」這句話是什麼意思呢?

「領導不見得在桌上」,也就是真正能夠拍板的人、做最後決策的人,他不見得一開始就要坐上桌,我們可以先派個人上桌跟對方兜一下,談幾個回合後,真正能夠做決策的人才慈眉善目、翩翩然地出現。或是一開始我們去談的時候,我說:「對不起,我要回家請示一下。」但其實我自己就能做決定,只是我要創造一個緩衝,所以我說「要回去請示一下」,透過這樣拖一下時間,放慢一下腳步。這就是為什麼「領導不見得在桌上」。

那「桌上一定要有領導」是什麼意思呢?桌上一定要有領導,這裡的領導不是指能夠拍板定案的人,而是在桌上發號施令的人。桌上總要有人指揮啊,是不是?像是「兄弟們衝啊!」或是「我們叫停!」,談判中總要有人叫停,要有人回答。

比如我今天當主談人,對方問了一個問題,而我來負責談。我當窗口,談了以後,對方丟了問題,然後我再把問題轉給我們的同事來回答。必須要有人做這件事,要有人叫停，要有人指派任務讓其他人來回答，那個人就是桌上的指揮官，但他不一定是最後的司令官。所以我們說「領導不見得在桌上，但是桌上要有領導」。

桌上的領導要做什麼呢？桌上的領導要管理整個指揮體系，就是在談判中負責管理指揮誰要講話、何時叫停、誰該做什麼。但是整場戰役，他並不是真正的大老闆，真正的老闆是背後的決策者，他會指揮說：「張三，你跟對方吃午飯，你要去談什麼，要談到什麼點上。李四，你跟另一個人吃晚飯，你要談什麼……」這種是更高層次的領導，是整個談判的管理。

談判重點

- 談判領導包含談判的管理與桌上的發號施令，但都是為了維持秩序。
- 團隊有秩序，才能夠有進有退。
- 越花時間的談判，就越需要維持嚴肅的指揮體系。
- 談判沒有英雄，需要配合整個團隊。
- 談判不能各談各的，各說各話。

27 兵聞拙速
談判一定要速戰速決嗎？

兵法解讀：打仗貴在速戰速決

前面幾章我們談到談判的節奏，像是「風林火山」，「疾如風，徐如林，侵掠如火，不動如山」，其實就是一個節奏。而我們談判到底是要談快，還是要談慢？這就涉及談判桌上的戰術。但我們可以再拉高一個層次來講，從整個談判的概念來看，那這時談判的速度是要快還是慢呢？

《孫子兵法》在這也可以給我們一點啟示，只是我們也不需完全照著《孫子兵法》

來做，因為孫子講的是打仗。孫子主張打仗要速戰速決，可是談判卻不一定。我認為談判的時候，必須觀察當時的情勢，再來決定到底要快還是要慢。

在《孫子兵法》第二篇〈作戰〉中，孫子說：「故兵聞拙速，未睹巧之久也；夫兵久而國利者，未之有也。」

「兵聞拙速」意思是，我只聽過打仗寧可打得爛一點，笨拙一點，但求取得先機，速戰速決。「未睹巧之久也」，則是我從來沒有看過有人打仗打得非常「巧」、技巧精湛，卻把戰爭拖延得很長。

為什麼呢？孫子說「夫兵久而國利者，未之有也」，也就是「打仗打得很久卻對國家有利，這種情況從未有過」。因為打仗打得越久的話，你所耗的時間、資源就越多，而且國家內部可能也有不同的意見，再者戰場上的情勢瞬息萬變，我們當然要抓到對我最有利的時機，奮力出擊。一旦抓到這個時機，砰！我就一張牌打出去，而不是拖啊拖啊、等啊等啊，把時機都等掉了，這就是孫子要告訴我們的——「兵聞拙速，未睹巧之久也；夫兵久而國利者，未之有也」。

實戰應用：談判節奏沒有絕對

(一)慢一點的情況

在談判上，我認為不一定要立刻出擊。不一定是因為談判是要看你是在談什麼、你是哪一方、當時的情勢如何，了解這些因素才能再決定談判的快慢。

假設我是強勢的一方，我是個大企業的老闆，我想跟乙買專利，因為我的拼圖剛好就缺這一塊專利。但對方是個年輕的科學家，他有一點傲骨，脾氣比較古怪，他討厭財大氣粗的人。如果我一上來就拿錢砸過去說希望買他的專利，他就最討厭這種人，怎麼會賣我呢？也可能他不是傲骨，而是惜售。他非常小心、非常珍惜，因為他就只有這麼一點家底，那他能隨便賣嗎？一賣便宜他就虧了，是不是？不管是惜售還是傲骨，他都不願意或不敢輕易地坐下來談。

那我還是要買他的專利，該怎麼辦呢？這時我就要放慢腳步慢慢磨他，我可以跟他談很多次來表示我對他非常欣賞、賞識，也表現出我非常能夠理解他為了這個專利所付出的心力，能夠明白他造福人群的理想，同時我也讓他相信，我一旦取得了專利，我一定會把他的理想發揚光大。

這樣一來，我就讓他感覺找到知音了，找到伯樂了，而我就是那個伯樂、那個知音。當他覺得跟我談很棒，那他不就願意賣給我了嗎？所以我來買他的專利，我的談判速度就不能夠太快。我越急躁，他越害怕。所以，為了要讓他敢上桌談，整個速度就要放慢。

反過來說，如果你是有專利的一方，你想賣掉這個專利。那通常，我就會說你要快。一旦你決定要賣，就不要拖。因為你想想看，雖然對方老闆可能會買你的專利，但他也可能同時正在接觸幾個不同的專利，他可能也會產生不同的想法。所以只要找到時機，覺得時機OK了，覺得他能夠欣賞我，能理解我，這時就不要再拿翹了，可以賣了。不然，他等一下可能就會去買別人的專利，因為他不見得一定要買我的。

由此來看，如果我是賣方，我就要快；如果我是買方，我可能就不需要趕，我就可以慢一點。

(二)不同文化下的談判

有時候，我們還要看當地的文化或者民族性所造成的影響。比如說，過去有些台商到東南亞，跟東南亞的華商、華人的企業談合作，雖然彼此都是華人，但其實我們的節奏卻不一定一樣。

當時有一個台灣企業，他們派去談判的人曾留學美國，他完全是用美國式的反應來談。但當地的華人企業是比較傳統華人式做法，所以他談合作的時候，當地華人企業就說不要急，慢慢來，先熟悉一下交個朋友。結果這個案件花了多少時間交朋友呢？花了十八個月，一年半啊！

一年半的時間，不只是我跟你交朋友而已，我太太跟你太太、我小孩跟你小孩，都會變熟，常常一起出去看音樂會、談事情。兩個家庭熟了之後，發現彼此對事情的看法、用錢的一些價值觀等等理念都很相近，這樣子後續才好合作。這樣子合作所花的時間當然就比較多了！前面花的時間比較多，那我就不能快，就不能學美國人或者西方人的做法。

我們曉得在談判之前有所謂的前置談判pre-negotiation，而前置談判通常會談什麼呢？通常在談我們要什麼時候開始談判、在什麼地點、派什麼人來談、談哪些議題，用一點學術的話來說就是「議題的疆界」（issue boundary），也就是所談的範圍疆界到底多大，有哪些東西要包括進來？可是在東南亞的這個案例裡面，前置談判除了上面這些內容，他們還多花了一點時間在做什麼呢？在熟悉彼此、摸清彼此的底，然後看我們的想法是不是一致，談起來就要比較慢了。

這點無獨有偶，日本人也有類似的做法。西方人在研究日本人談判方法時，他們提出來一個詞——「談判相撲」（negotiation sumo）。「談判相撲」是什麼概念？日本的相撲，就是兩個力士在土俵裡面，一開始可能兩個人會繞著圈轉，等到真正撲上去後，抓著對方腰帶，把對手丟到土俵外面。這個過程不過才幾秒鐘，可是前面這段在土俵中繞圈的時間非常長，非常具有儀式性。

日本人在這儀式裡面，你也會發現他在開始相撲之前會有些祭拜的動作，像是灑鹽淨化場地等等。西方人說這些前置過程是日本人在調整彼此的波長、彼此的頻率、呼吸速度。後來發現彼此跟環境都能夠非常合拍、頻率一致的時候，啪！我就可以衝上去抓了對手腰帶把他丟到土俵外面。

所以美國人在研究日本談判時的情勢時，說日本「談判相撲」有一樣的道理，就是前置的儀式所花的時間很長，像是調整自己的波長頻率、協調我們腳步呼吸等等。這段時間是為了讓大家都覺得自在。

回過頭來看我們前面講的案例，台灣的企業到東南亞，跟東南亞的商人談合作，前面要花十八個月建立交情關係，不就是一樣的道理嗎？這時間也花得很長啊！這段時間是為了讓大家覺得自在，自在以後彼此就有了互信，事情就好談。

等到真正要談了以後，如果有一個條文沒有講清楚，雙方也會為彼此著想，不會利用文字上的疏漏，占便宜或另外多要一點東西回來。雙方不會有這麼多小動作，那合作的關係就可長可久。

如果你接受這裡頭的哲學或談判的節奏，那你會曉得談判要快還是慢。在這就是要慢，不能太快！如果要速戰速決，就沒有時間去協調彼此的波長頻率，所以打仗跟談判還是有不一樣的地方，打仗要速戰速決，談判的快慢則要視情況而定。

談判重點

- 談判有慢有快，要看你在什麼時候、在什麼情況而定。
- 談判對象的性格也是影響談判節奏的因素。
- 談判有時也因國土民情而受到影響。
- 賣方拿定主意後，反而要快速地作決定，不要錯過時機。
- 速戰速決往往沒有時間去協調彼此的波長頻率。

28 火發于內，則早應之于外
悶對方的同時，提防自己內鬨

兵法解讀：火來了，內部也要先滅火

在這一章我們要談的是：談判過程中，我們在悶對方時，也要小心提防內鬨。

談判過程經常都會拖得滿長的，那時間越拖越長的時候，第一個要提防的就是——內部可能會有不同的意見，也就是所謂的「內鬨」。一旦內鬨，自己的陣腳亂了，對方就占便宜了。

這個剛好就可以呼應《孫子兵法》在〈火攻〉篇所講的：「火發于內，則早應之于外。」內部遭人放火時，外面一定會及時呼應這個攻勢。

其實孫子講的「火攻」，當然是真的「放火」。可是今天不管在商場上、在談判桌上，我們都不可能真的放火。所以，後來日本的談判學者、《孫子兵法》的學者就研究這點，他們將這句話解讀為：「火攻」應該理解為「內鬨」。這點我也很同意，因為你一旦內部開始內鬨，就好像遭人放火一樣。

好了，於是你可能會接著問：「誰放的火呢？」當然不是自己放的，而是對方放的。那對方怎麼放呢？他怎麼會在內部造成內鬨呢？

實戰應用：發生內鬨時的解決手段

(一)一半一半

通常在談判上，有一個非常好用的戰術可以做到這點，就是你回答問題時只回答一半，你贊成一半，另外一半沒有贊成。

你贊成一半，但另外一半沒有贊成。雖然你不見得反對，你只是沒有接受對方的要求，像是對方提出五點要求，你接受了三點，而另外兩點則相應不理，或這兩點你有不同的意見，或這兩點我提另外的方案，說這個修改一下就可以接受，不論如何，一開始的五點你只接受三點。

好，那現在對方陣營裡面可能有兩派，有一派支持我，也有一派反對我，對此充滿敵意。所以當我五點裡面只答應了三點時，支持我的那一派說：「你看，他沒有完全拒絕，是不是？五個要求，他答應了多數，答應了三個啊，所以我們還是可以繼續跟他談判！」支持我的人這樣講，但反對我的人就會說：「他避重就輕答應了三個，但沒答應的那兩個才是最重要的，所以這件事對方已經拒絕了我們開出的條件，所以我要報復他。」

所以支持我的溫和派說要繼續來往，反對我的強硬派說他不領這個情，應該報復我，於是對方內部就出現繼續談判和報復這兩派。他們之間可能會流出一些資訊，我就能以此來看下一步該怎麼做，對不對？因為對方的內部已經被放火了。

誰最會玩這招呢？伊朗。伊核在談判的時候，是跟誰談呢？就是「五常加一」，聯合國五個常任理事國（中美英法俄）再加上德國，德國經常在歐盟擔任主席。這六國跟伊朗來談，這六國裡面有同情伊朗的，也有強硬派，所以伊朗只要做出回應，六國就會有不同的意見，就好像我們講的放火一樣。

(二)帶風向

我們再往下來看〈火攻〉篇，這一篇的火攻除了內鬨以外，還有一個更深刻的重點：「帶風向」。有時候你的火攻會引起風向，火燒起來以後，在談判裡，這風向可能是贊成，可能是反對，這就是火帶出來的風向。所以有一句話說：「丞相起風了。」「丞相起風了」，單單這句話我們還不能輕易翻譯它，因為我們不懂它是什麼意思，為什麼不懂？因為「丞相起風了」，你要先問那個丞相是曹丞相，還是諸葛丞相？

如果是諸葛丞相，諸葛亮，他在那邊借東風，東風借到了，底下的人跟他說：「丞相起風了。」這句話表示的是：這個局勢改變對我有利，我要把握機會放火，是不是？如果說這個丞相是曹丞相，曹操，那「丞相起風了」這句話對曹操來說，他想這個季節橫算豎算都不可能有東風，怎麼會忽然真的給孔明算到了有東風來呢？所以對他來說，「丞相起風了」，表示的是局勢將會改變，對方可能會突擊，我們要趕快撤。所以「丞相起風了」這句話很有意思，其中重要的就是「帶風向」。

〈火攻〉篇裡面還有一些要點，像是它講了五個火：「一曰火人，二曰火積，三曰火輜，四曰火庫，五曰火隊」，它們的意思就要看你怎麼解釋了。

第一個「火人」比較簡單。「火人」就是焚燒敵人的營寨，燒死他的部眾。你說今天我們當然不可能真的焚燒敵人的營寨，但從商業來看，「火人」其實就是挖角！我們出重金把對方的研發團隊挖角到我們公司，或者把他的銷售團隊挖角過來，一下子他的左臂右膀都被砍掉了，這就是「火人」。

第二個「火積」，這裡的「積」是積蓄，在戰爭中要積蓄的是什麼？要積蓄糧秣，所以「火積」常常講的就是糧秣、糧草。那在談判中，什麼是我們的糧草？就是金流。

比如說在選舉的時候，其實韓國或很多國家的執政黨都會這樣做。如果反對黨的候選人找到一個企業資助他選舉，那這些執政黨會到金主的公司裡查稅。他們利用在位的優勢去查，很多企業家多少都有一點逃漏稅，禁不起查稅，所以一查稅，對反對黨的金援就馬上斷了，不給了，「不好意思，我得先求自保」。在這種情況下，這就是對反對黨候選人的「火積」，把他的糧草燒掉了。

第三個「火輜」，「輜」是什麼呢？「輜」就是輜重，就是軍用的裝備或各種車輛。「火輜」就是燒掉這些東西。第四個「火庫」，「庫」是儲存物資的倉庫，「火庫」就是倉庫被燒、各種裝備也被燒。我在這把「火輜」跟「火庫」合在一起解讀。裝備被燒，其實它就是資金燒光了，對不對？你裝備被燒了，你的倉庫被燒了，意思就是你的資金燒光了。

各位或許還記得我們前面講過的「迂其途」。「迂其途」就是有一家公司，他把競爭對手拐進到另外一個產業，然後他自己趕快進去原本的地方布局。

「迂其途」意思是讓競爭對手分神、分心。在那個案例中，原本的競爭對手，也許在某個項目上起步比較快，但我們今天故意引導他，讓他貪小便宜進到另外一個項目，那他原來跑得比較快的項目就先暫停發展了，於是我就可以在後面趕快追。這就是「後發先至」，我出發雖然比較晚，但是我到得卻比較早。

我讓他走上歧路，他在分歧之路發展別的項目，把他資金都燒光了。資金燒光了，其實就是我們講的「火輜」、「火庫」。

最後一個「火隊」就可以討論了，有人說那個不是唸「隊」，應該唸「隧」。如果唸「火隧」的話，那就是利用焚燒來切斷敵人的交通運輸線。交通運輸是運輸什麼？就是運輸糧草，切斷他的糧草運輸。但如果你不唸「火隧」，而是唸「火隊」，在談判上說不定更有意思，因為「隊」就是隊伍。隊伍，隊伍有什麼好講的呢？其實按照現在講法，隊伍就是「粉絲團」。

假設我是政治人物，有很多的粉絲支持我，結果我的對手混在裡面臥底，他以我粉絲的名義發表一些文章，讓我成為眾矢之的，而他的目的就是混進來我的隊伍要把我毀掉。他混到我的粉絲隊伍裡，散播一些不實資訊，讓我的隊伍中的人們「踩到腳」一哄而散，那不就像是被燒掉一樣嗎？這個就是「火隊」。

談判重點

- 一旦內鬨發生自亂陣腳，對方就占便宜了。
- 隨著時代不同，火攻所反映出來的思維也不一樣。
- 善用燒起來的火帶風向。
- 談判纏鬥時最容易出現火攻，為的就是引起對手內鬨。
- 纏鬥到最後可能會迷失方向，忘記真正重要的是什麼。

29 途有所不由

談判過程中，得避免迷失方向

兵法解讀：別捨本逐末，成了歧路亡羊

我們在談判時，一開始一定要知道你要的是什麼。你會把你的要求、想追求的東西，先列一個優先順序出來。在剛開始上桌的時候，我們可能很清楚知道我要什麼，可是談著談著，那我可能就會忘了我原本要什麼，因為在談判過程中，有很多新的資訊會出現，新的人冒出來，讓我一下子看得眼花撩亂。於是我就忘了我要什麼，忽然就追錯了東西，追錯了目標。這就是我們成語講的「歧路亡羊」——你今天追一隻羊，追到了

三叉路口，羊跑掉了，你不知道該追哪一邊。

這點在《孫子兵法　九變》裡也有談到：「途有所不由，軍有所不擊，城有所不攻，地有所不爭。」

「途有所不由」，這裡的「途」就是路途、道路，所以這句話意思是，有些路我是不走的。當然不是要你耍浪漫，選人少的路來走。他的意思是說：你要知道你的目標是什麼，有些東西跟你的目標沒有關係，你這樣追下去，也到不了你的目標，那這條路你就不要走了。

「軍有所不擊」，「擊」是攻擊的「擊」，就是說有時候，對方的部隊你不要打，人不打，城也不要攻，「城有所不攻，地有所不爭」。這是什麼意思呢？孫子說的是，不要在這些地方纏鬥，閃過它們吧，因為它們不是你的重點。

如果你一下眼花撩亂，把時間、資源投注在一個不相干的、不重要的次等議題上面，那在更重要的議題上，你反而沒時間沒資源，那不是捨本逐末嗎？完全搞錯了重點，是不是？所以你一定要知道自己要的是什麼，才不會歧路亡羊。

這看起來很容易，但其實不大容易！

實戰應用：談判中需要保持本心

(一)留心自己真正要的是什麼

以前有一家甲公司，開了一個副總的缺，要經營乙公司的項目，所以人資就找了一個獵頭公司，而這個獵頭公司的負責人剛好是我的學生，他跟我講了這段故事。

他的獵頭公司，找到了丙公司的副總A君，丙公司在業界也滿有聲望的，A君剛好也是當副總。獵頭公司就問A，有沒有興趣跳槽到甲公司去？當然這個A君也覺得滿有興趣！

可是我的學生他開獵頭公司，還是要把他的客戶要求搞清楚，所以他有點不太放心想這個A君，到底是想離開原來的公司，還是真的對甲公司那麼有興趣。A君的目的是為了進甲嗎？還是只是為了要離開丙？這兩個態度不太一樣。

我學生就試探了他一下，他說有一個丁公司也有副總的缺，但是薪水比較少，問A君要不要也試試看？A也說好，當然也試試看嘛。這樣一試，我學生就心裡有數了，既然丁公司的待遇比較差，你還是願意試試看，可見你真正的目的是要離開丙，而不是對甲那麼嚮往。

這時候，甲公司的人資就開了一個條件，問我學生的獵頭公司說，你找的A君到底願不願意來呢？我們可以開出的條件是，第一個條件如何如何，第一年工資這樣安排，再加上簽約金和紅利的比例等等。欸，其實跟A君想的差不多，那當然很好啊！可是到了第二年，雖然工資沒有變，紅利的百分比也增加，但是簽約金沒有了，一大筆簽約金沒有了，大概多少錢呢？一百萬台幣，第二年就沒有了。

這筆錢沒有了，A君有點不大高興，問我學生說怎麼會這樣呢？我學生跟他講，本來就是這樣啊，第一年有簽約金，第二年沒有簽約金，而且紅利的百分比提高了，不也是給你做了補償嗎？但A君還是不高興，不太想過去甲公司。

這時候，甲公司的人資再打電話來問說，你獵到的A君，到底要不要來我們公司上班？他到底接不接受這條件呢？我學生問A君，A君說，還不能馬上決定，我們要悶他一下。看看甲公司到底有多在乎A君。如果甲公司還是一直打電話來問A君，那A君可能就有更多的籌碼能去談更好的待遇。A君是當時這樣想。

我的學生就跟他說，你想得很美好，可是在你悶的時候，萬一半路殺出程咬金怎麼辦呢？萬一半路殺出一個人，把你的東西、案子給結掉了，那你會不會覺得不甘心呢？

A君說那就要賭一下了！賭一下，欸！還真的賭輸了！

為什麼賭輸了呢？因為後來冒出來一個B君，B君比較年輕，所以他要的薪水待遇也比A君要低，而且B君過去在原本公司就是負責乙公司的項目，那甲公司的總經理就很高興，他們原本就是要找個副總負責乙公司，剛好B君本來就是負責乙公司的項目，所以如果能夠跳槽到我們公司，那不是正好嗎？因此甲公司的總經理就滿喜歡B君的。

那我的學生當然也知道這個情況，所以他趕快就再去問人資，發生這情況，A君還有多少勝算呢？人資說，其實我們都還滿喜歡A君，只是上頭比較喜歡B君，所以後來也就沒成了。

獵頭公司的負責人來上我的課，我才知道這故事。他就跟我講說：「老師，那個A君就是沒搞清楚，他真正要追求的是離開他老東家，離開丙，他的must是離開丙，而他的want才是簽約金。可是他談著談著，他把他的want當成了must，他完全搞錯了！」他完全搞錯，所以後來就都沒有了。

你想想看，在一開始，你可能想的是，你要離開原來的公司，但後來在過程中發現，甲公司他開給我的條件，在簽約金的地方我不太滿意，一下子注意力就跑到簽約金上了。這就是「歧路亡羊」，羊跑掉了嘛！

所以，我常常告訴同學，我們在談判的過程中間，有時候真的要注意，留心我到底要走的是哪條路，留心我到底要的是什麼。

(二) 結盟的大失敗

有另一種狀況，不是我迷失方向，而是我為了要增強我的力量，進而尋求結盟。結果結盟進來的其他盟友，固然增加了我的聲勢，可是也帶來他們個人的喜好。我原來是要往東走，但是我結盟以後，來了幾個非常強勢的夥伴，他們一下子就把整個談判往西邊走了，因為他們都主張要往西。結果談著談著，我的方向改變成他們的方向了！這時候不是我歧路亡羊，而是一大夥人把我往另外一條路上推，所以我還是迷失了。

如果要結盟，結果卻發現自己必須受制於其他的盟友，發現因為他們進來，所以自己原來的目標被扭曲，被摻水了，沒辦法再追求真正想要的東西。如果發生了這個情況，我們就要退出結盟。

我們結盟，一起跟對方坐下來談，談著談著，發現我真正關心的東西被擺到第二優先順位了，別人的東西反而搶在前面。這時我才發現怎麼結盟跟我想的不一樣了？我可能需要跟我其他的盟友溝通，但有時候這溝通也會內耗掉太多的資源和時間，那該怎麼辦呢？其實就是應該退出。

所以任何的結盟，它都得有一個停損點。如果為了結盟的團結，讓我的目標不斷被犧牲，那我就會真的忘了當初結盟的初衷是什麼。發生這種情況的時候，我就要決定退出，我還是一個人去追求我要的東西。在這裡，不管你是個人談判，還是團隊談判，都必須要小心不要迷失了方向，這點非常非常重要。

談判重點

- 談判過程中，有很多新的資訊紛雜出現，容易讓人忽略最初的談判目的。
- 任何的結盟，都得設定一個停損點。
- 為了結盟團結，發現溝通會內耗掉太多的資源和時間時就該退出。
- 有些東西跟你的目標沒有關係，就不需要追下去。
- 有些迷失是因外力推著你走。

30 兵以詐立

攻守之間所傳達的訊息，不一定都真實

兵法解讀：欺敵之術

這一章我們要談談「談判的時候，我們傳遞訊息是不是都要講真的訊息？」，其實總結為一句話便是「兵以詐立」。

「兵以詐立」這是《孫子兵法》第七篇〈軍爭〉篇裡面的一句話，這句話其實也常常為大家所引用。「兵以詐立」，「詐」就是「狡詐、耍詐」，有時候你可能會欺敵，「兵以詐立」用一個詞來講就叫「欺敵」。

實戰應用：欺敵的可能性

(一) 欺敵是不是可以被接受？

那欺敵到底對不對？可不可以被接受？要回答這個問題，我們就必須回到最原始的問題來講，就是談判的時候，「資訊」扮演什麼樣的一個角色？

學者在研究談判的時候，說到談判有一個非常重要的性質或特色，叫作「不完美的資訊」。「不完美的資訊」指的是沒有人能夠有把握說他掌握百分之百的資訊，就是「我知道的，他不一定都知道」。我們常常講說「知彼知己，百戰不殆」，其實這在談判上或在作戰的時候一樣，都是很難的一個境界。先別說你對自己能夠了解多少，對於對方基本上你也沒辦法完全掌握，所以我們擁有的都是「不完美的資訊」。

最初可能有過於一廂情願且太天真，很肯定地想「我知道的，對方都不知道」，但現在資訊如此發達，對方也許也掌握了你所知道的事情，於是相當謹慎的人，將這句話轉變為「我知道的，他一定都知道」，將不字拿掉，畢竟我能夠看到的資訊，他怎麼會看不到呢？如果都是公開的情況，所以我知道的，他一定都知道。

但是深入一想，就會發現：我知道的，他都知道，因此但凡我起心動念，他就曉得我是玩哪一招、我下一步要打哪裡？天啊！這樣還有什麼迴旋空間？也因此我後來發現這句話也不對，那真正對的是什麼呢？

那便是「我知道的，他不一定都知道」，本來是「一定都不」，現在應該是「不一定都」，「我知道的，他不一定都知道」，他不可能都不知道，可是他也不可能百分之百的掌握，他知道的是部分。那些部分就是缺口所在，而缺口正是在談判過程中，他希望從我們這裡探知的。

談判的過程中勢必會交談，此時我會選擇性的給他一點資訊。因此也有學者把談判過程中，我們給對方資訊這句話叫作「控制下的資訊流動」，顧名思義即被控制之下的資訊流動，那就是我不會全盤托出，卻也並非分毫不說，而我提出的也不見得通通都是真的。

資訊一來一往的流動過程，就像織毛衣、織地毯一樣，經線與緯線逐漸交叉編織出我們眼前看到的權力關係，一個新的權力圖像。

(二) 權力圖像

什麼叫權力圖像？例如，我們認為自己站在強勢的那方，結果在與對方交談的過程中，對方有意無意地提供了一些資訊，暗示他有很多退路並有許多別的選擇，又或者他告訴我說，他有很多的時間可以慢慢耗下去。姑且不論真或假，只要我相信了，那他的資訊就過來了。本來以為我非常強勢，就要逼他投降了，沒想到後來發現他可以挺住，我以為他不行了，結果他居然可以熬過來，甚至還面帶微笑、從容不迫，與我一開始設想的完全不一樣！

於是我從他的言行中得到一些資訊，而這些資訊也幫助我更加了解眼前的事實。在我們資訊互相交換中，編織出來一個對事實的圖像，我們就可以知道誰是真的強勢、誰可能是弱勢，可見資訊很重要。

談判中，雖然我要給出資訊，但是可從來沒有說過給出完全真的資訊，所以有的時候我們會給「不真」的資訊，它不是一個謊言。「不真」是什麼意思？假設桌上有一支麥克風和一個杯子，我明明喜歡那個麥克風，但是卻說我喜歡杯子，如此對方的注意力就會轉到杯子上面，在大家圍攻杯子時，我便能輕鬆拿到麥克風，這便叫聲東擊西。

或者我們常常講說「我可能沒有時間」，可是我怎能會讓對方知道我沒有時間呢？我裝也要裝的我有時間，如果讓你知道我完全沒有時間，就表示我完全沒辦法耗下去，那我當然就完全沒有魄力，時間跟魄力是連動的，是同一件事。所以沒有時間，會佯裝自己還有時間，在談判理論中這叫虛張聲勢，是可行的。

又比如我向你買東西，物品定價是一百元，我身上剛好也有一百元，但我想用更便宜的價格購入，我就騙你說我只有八十元，並表現得非常拮据，最後你相信我只有八十元，便說「好吧好吧，那就交個朋友啦，八十元賣給你了」。我明明有一百元，卻騙你說我只有八十元，結果是以八十元成交了，那我是不是說謊了呢？在談判理論上這種情況不叫謊話，這叫「不真」。

我聲東擊西，我喜歡麥克風，騙你說喜歡杯子，不真；明明沒有時間，騙你說我很有時間，這也是不真。不真的東西叫untrue，untrue的東西，它不是lies（謊言），在理論上這就叫bluffing（虛張聲勢），如此而已。虛張聲勢就是孫子講的「兵以詐立」的「詐」，就是我們欺敵，那是沒問題的。

(三) 投石問路

而關於資訊的傳遞，談判桌上有太多我們設計出來傳遞資訊的機制，像是提到談判桌上推推看。談判桌上可能有好幾樣東西在周旋，價格、規格、付款方式、或交貨條件等，那我怎麼知道他要的是什麼？只好就每個議題推推看，看他擋不擋。假設我今天是買方，我在價格上不斷地推，結果賣方完全不為所動，那表示價格或許沒有商量餘地，我便從其他項目試試看，如規格或付款方式上有沒有一點迴旋的空間。在談判過程中，我們都是不斷地試探，我們提出要求，我們推推看，這就叫作投石問路。

那對方擋不擋我，比如說我推、他擋，我又推、他還擋，我再推、他仍擋，這個東西他這麼用力在擋，那可能是他的must。或者我今天提出一個要求，對方沒有想到我居然會提這個要求，慌亂之下他還沒有準備好立場該是YES還是NO。從中可以得到的訊息是，這個可能就是他的give、他可以放的，因為如果對他來說很重要，他的部門或公司怎麼可能連立場都還沒想好呢？

所以我們投石問路，我們由對方擋不擋我、由對方的反應，來判斷這件事情對他有多重要，這就是交換資訊。

可是同樣的，他也可能是給不真的資訊，比如說我今天投石問路，我不斷推「價格」，其實我真正要的是「規格」，我讓你誤以為我在價格上很要求，然後你老是擋著價格，忽然我就讓步了，「好啦，價錢我就不爭了，但那個規格方面，你得讓點給我，不然我很難跟領導交代啊」，所以我前面去要什麼東西，推這個消息，是我希望能夠再得到一些消息，但是我推的時候，其實我是假的、虛張聲勢。

你呢？你擋我，你也知道我們今天在談判的時候，如果我推你，你擋我，你很用力擋，其實你想要傳達一個訊息，這件事情對你很重要，其實你也可能傳達的是假的訊息啊！你可能擋著、擋著，讓我誤以為你在這事情上面很注重，然後忽然你就放了，也有可能啊！

談判重點

- 提出要求和讓步這中間的一個過招，就是在交換資訊。
- 記住，所有交換資訊的機關設計，都沒有告訴你，你只能交換真的資訊。
- 交換虛張聲勢、聲東擊西的不真的訊息，都是「兵以詐立」。
- 訊息可以幫助我們了解所面對的現實，但你心裡要有底，它不見得都是真的。
- 談判桌上有太多我們交換資訊的機制，我們可能提出問題，我們可能讓步，我們可能看怎麼回應。

31 不戰而屈人之兵

談判時，到底需不需要信任？

兵法解讀：信任是重要的

我們前面講到了「兵以詐立」（〈軍爭〉）中的「詐」，既然是「詐」，很多人就問了，我們要不要信任？「互信」在談判的時候是不是談判發生的一個條件？

其實這可以從很多面向來看，首先談判理論上所講的是，談判之所以會發生，其實是我們面對一個無法容忍的僵局，而這個僵局，並沒有辦法單獨解決，因而可能有談判的必要，看看談判後能否解決眼前的問題。

信不信任跟談判發不發生，這中間其實沒有必然的關係，也並非先互相信任，才能坐下來。談判的目的是為了解決僵局，如果不信任彼此，在過程間可以慢慢累積。我們履行了一些諾言，把我們答應的事情付諸實現，然後讓人覺得我是值得信任的人，一點一滴的互信聚集，而有了互信基礎，談判當然能談得好。

所以信任對談判重不重要？重要，但是否為談判發生的一個前提條件呢？其實「不是」。然而孫子對此就比較嚴格了，孫子認為「是」。那很有意思。

《孫子兵法》第九篇〈行軍〉裡孫子說「無約而請和者，謀也」。「無約而請和者」意思是你沒有跟我先約好，就跑來表示希望我們能夠坐下來談，能夠休戰、停火，這中間必有陰謀。所以他說「無約而請和者，謀也」，沒有講好，前面沒有一些鋪墊，沒有一些前置的溝通，你「砰」地就要談判，我可能不敢相信你。

那我們再看，如果談判開始後，不管是跟朋友談或跟敵人談，其實我們都需要信任。所謂的「信任」，就是「他相信我講的話」。雖然我講的話可能是虛張聲勢，但是他要相信。最典型的例子就是我們大家最熟的一句話，《孫子兵法》第三篇〈謀攻〉裡面孫子講「不戰而屈人之兵」。「不戰而屈人之兵」很厲害。那為什麼能「不戰而屈人之兵」呢？因為你以雄壯威武的軍容先鎮住他了，他覺得打不贏你！

實戰應用：談判場上雙方是履行諾言的敵人

雄壯威武的軍容，這是談判；在外交上，有的時候我們稱之為「嚇阻」。嚇阻是什麼？就是我告訴對方「我不會主動攻擊你，可是如果你膽敢攻擊我的話，我一定會給你一個最慘烈的報復，到時候我們可能沒有一方是贏家」，我放話說要給對方一個最慘烈的報復，那他就必須相信我的報復是真的，這樣他才會被嚇到，就不敢攻擊我了！

但反之如果我說「你如果敢攻擊我的話，我就會給你非常慘烈的報復」，他根本不相信，他覺得我虛張聲勢、我吹牛、胡說八道，他根本就不會認為我真的敢報復他，所以他就攻擊我，我的嚇阻就失敗了。所以嚇阻要成功，也是對方必須相信我的報復是真的，哪怕我講的話是虛張聲勢，可是他必須相信，這個嚇阻的作用才會發生。「不戰而屈人之兵」它是建築在「對方相信我」這個前提條件之下。

談判場上雙方是敵人，在互信前提下，敵人他要相信，而朋友更要相信。在慢慢談的過程中，我們變成朋友、達成協議，同時我也履行諾言，他要持續相信，我們之間的信任關係才可以往前走。

這就是為什麼我之前說，我們先從簡單一點的東西談起，然後把我的承諾付諸實現，讓他知道「我是言出必行的人，我答應了就一定會兌現」，給對方一個信任的依據，不然誰會相信我呢？所以，不管是我們威脅敵人，處於敵對關係，或者我們是準備合作，我們是友好的關係，我們其實都需要信任，沒有信任的話，談判有時就比較難走。

有人會，我當然想相信他，可是有的時候，我沒有辦法相信，或者我真的不放心他會履行諾言，那該怎麼辦？如果遇到類似情況，在談判時我們達成的協議就會是「階梯」。什麼是階梯呢？就是你做到一部分，我這邊回應一部分，兩方是平行的，你答應的事越多，我這邊的回應就越來越好。

過去北韓與美國最初棄核的談判就是這樣子，放棄核武不是說放棄就馬上放棄的，所以北韓原來的要求就是跟美國說可以來個平行線，就是我放棄到什麼地步，你就解除制裁到什麼地步；我往前邁進一步，你也往前邁進一步，這樣逐漸養成累積彼此的互信。可惜美國對此並不買單，美國認為「北韓棄核」這是談判的「前提」，而不是「議題」，對他們來說是：你要我解除制裁，可以，你必須先做到放棄核武，你要放棄核武，我才解除制裁，我才經濟援助。所以「放棄核武」變成美國解除制裁的「前提」，北韓認為「放棄核武」應該只是「議題」，是兩條平行線。

那如果不管美國或者北韓的立場，單就談判而論，北韓的做法是對的，因為當大家都沒有信心的時候，必須先累積信心，花上大半天猶豫要不要彼此信任，其實都是在很抽象的環境裡面討論，但倘若落實在實際的狀況下要不要信任，那就不是靠說的，而是靠表現的。表現一步，另一方回報一步，這樣才是我們談的累積善意，才能逐步走下走，彼此才有信任。

談判重點

- 談判的時候，當然要彼此信任，不能有太多的「騙」。
- 承諾卻沒有做到，會讓談判無法進行下去。
- 談判桌上「不真」的資訊，在某些程度下是可以被容許的。
- 談判需要一些鋪墊以及前置的溝通。
- 先從簡單一點的東西談起，然後把承諾付諸實現，贏得信任。

32 歸師勿遏

留一條路給對方走，讓他回得了家

兵法解讀：歸師勿遏，圍師必闕，窮寇勿迫

我們前面講了很多談判上的開場、中場的纏鬥以及怎麼樣出其不意的讓步，這些都是談判過程中的種種戰術，現在要談談最後收尾。

收尾的時候，如果真的決定再也不往來，怎麼收尾都沒有關係；可是如果你覺得跟對方這個關係還必須維持，未來還可能見面或有生意上的往來，那這個收尾就必須收得漂亮，也要讓他有點東西帶回去，不要徹底撕破臉，誠如贏了裡子，便要護著他的面

子，不要裡子、面子都吃乾抹淨了，讓人家回不了家，他必然會反彈。

《孫子兵法》裡關於這點就講得很有意思、很清楚。《孫子兵法》第七篇〈軍爭〉裡面，有三句話非常值得我們省思，孫子講「歸師勿遏，圍師必闕，窮寇勿迫」。這三句話裡面，有的我同意，有的我不是完全同意，但是它都可以給我們很多啟發。

第一句話「歸師勿遏」，「歸師」指的是回國的部隊。我們他可能打敗仗了，歸心似箭想回國，而此時你在前面擋他的路，讓他回不了家，你想他會有什麼反應？他會忽然變得很勇敢跟你拚命，雖然你可能還是會贏，但是這個犧牲是無謂的，所以你要留一條路讓他回去可以交代。

第二句話「圍師必闕」，根據原來兵法上的意思，就是當對方部隊被圍困住，我們如果也參與圍剿，最好放一個城門不圍，這就是「必闕」，缺口的意思。為什麼這麼做？假設一座城有東、西、南、北四個城門，你把四個城門全都圍住了，他完全出不去，必然會反彈，這就是我們常講的玉石俱焚。但何必如此呢？對方狗急跳牆，最後只有魚死網破才有辦法衝出重圍，只是無謂的犧牲，沒有什麼太大意思。所以《孫子兵法》才說「圍師必闕」，當他發現他可以逃得出去的時候，他就沒有必死之心了。人能活那為什麼要死呢？他就會從刻意留下的缺口竄逃，而當他逃出去的時候，我們剛好在外面可以個別殲滅。

第三句話「窮寇勿迫」，指對方已經窮途末路，你就不要再逼迫他，倘若繼續苦苦相逼，對方必然會反彈，這也是沒有必要發生的，所以放他回去吧，不要再逼迫他。

實戰應用：談判結束也要漂亮下場

(一) 給對方一點好處

在談判時有人有時會用上《孫子兵法》中的這招。談判到最後可能會忽然升高我們的要求，但在纏鬥幾招以後，卻又主動降低並放棄，讓他回去可以交代，如此他回去可以向他的上級交代，說本來對方要求更多，結果被我又爭取到這麼一些東西回來。你給他一點credit、一點東西，等於你也養一個對口，這點很重要。

曾經有次我到一家公司上課，在跟公司總經理聊天時我就說：「你們這次跟美國人談好像沒有談得很好？」可能我那時候太直接了，那位總經理直接生氣反駁我：「本來美國人要得更多，若不是我們據理力爭，不會只輸這麼一點點！」聽得出來嗎？「美國人本來要得更多」美國人就是忽然又開高，「不是我們據理力爭」也就是說我又把他壓低，然後我回來了。聽起來就是典型的這種戰術，開高然後放給他，讓他回去可以交代。

我有個朋友在談判時也是這樣子，他常常代表公司到美國去洽談，他剛剛負責談判這個項目時，美國人就毫不留情面。他就跟對方說：「你現在這樣宰我，我回去後一定會被換掉，繼承我的人必然會非常強硬，除非你跟我們公司永遠都不合作，如果要合作的話，後續窗口成了強硬派的人，對你又有什麼好處呢？」對方後來想想覺得有道理，便對我的朋友降低了要求，這就叫作「歸師勿遏」。

(二) 少就是多的哲學

過去美國總統雷根，被認為是位「偉大的溝通家」。雷根在黨內外的國會或者朝野間談判，各方可以達到很多的共識！雷根的幕僚就透露，雷根之所以會成為「偉大的溝通家」或者我們說白點，他很會談，最主要的一個原因就是，他從來不追求一百分。

對雷根來說，如果我一百分，對方就是零分，零分的人必然會反彈，最後談判結局就是破裂，什麼都達成不了。可是如果我只拿八十分，留二十分給他，他回家還可以交代，因此我少要一點，最後說不定談成的機會多一點。這就是當時美國人常講的「Less is more」，你少要一點，可以多得一點。當然你可以說這就是「捨得」、「捨」與「得」的哲學，其實我們在談判上沒有深度談佛家的這種思維，他僅告訴你少要一點，而我們認為那是一個素養，少要一點，成就多一點。對方已經居於劣勢，你不要再步步進逼，所以這就是「窮寇勿迫」。

(三)讓對手走你希望他走的路

就打仗的兵法來講，「圍師必闕」的目的不是好心讓他回得了家，而是讓他喪失負隅頑抗的鬥志，並在他往外逃跑時，從外面將他殲滅。可是我們談判的理解卻不是這樣，從談判的角度來講，「圍師必闕」它當然是個談判的戰術，並且是真的放他一條路走。

以前我們跟美國進行智慧財產權談判的時候，美國就對我們施加壓力，要求我們必須修法保護知識財產權。美國當時提出如果我們違反知識財產權的保護，他可能要祭出貿易制裁，但是我們如果力圖改善，他保證制裁手段不會落在我們身上，美國也許祭出來好多制裁分別落在不同國家，並非針對我們。這在談判戰術上是兩個部分的組成，一個部分叫作「脅迫」，你一定要去聯絡國會修改保護智慧財產權的法令；另一部分就叫「保證」，一旦你往我想要的方向走，真的在修法，我保證你們不會遭受貿易報復。

根據理論，一定要能保證，談判對手才會往你希望的方向走，可是在實務上，我們發現有人可能不敢保證，沒有把握那憑什麼要照你的意思做呢？所以圍他的時候，留一條路走，就像是這個例子說的，我保證你往那邊走，你不會被制裁，這個才是談判的正道。

談判重點

- 談判贏者不全拿，給對方留一點好處。
- 圍困他人時記得留一個缺口。
- 談判到最後要讓對手喪失抵抗的鬥志。
- 想拿到更多？先從不要求一百分開始。
- 讓談判對手有條路走，能回得了家。

後記

讀《孫子兵法》的三個方法

書裡我們談了很多《孫子兵法》與談判謀略，你可能會想如果往後想自己讀《孫子兵法》，該從何下手？其實每個人都有他自己讀《孫子兵法》的方法，而且不同時期讀《孫子兵法》都會有不同的體認。我將自己讀《孫子兵法》的一些心得跟大家做個分享，可以試著用這個方法來讀讀看。

第一種方式，就是先買一本最簡單的白話文譯本，市面上可以看到很多《孫子兵法》的書，許多版本都有很多的引申、闡述或運用，但那都是更進階的，最一開始，我認為買一本簡單的讀本即可，像三民書局的《新譯孫子讀本》就很簡單、純粹且清楚，沒有其他人讀後的想法阻礙你的一些思考。

但是在讀《孫子兵法》的時候，提醒各位有兩點要注意：首先，就是你會發現不同的《孫子兵法》版本間，可能有些文字會不一樣，這其實沒有關係，我們不是研究訓詁考證，那太複雜了。當時因秦始皇焚書坑儒，直到秦朝滅亡後，才有人把一些藏著沒有被燒掉的書籍重新拿出來，有些書可能是以前的讀書人背出來的，可能會有記錯；也有些竹簡是藏在古墓裡，從墳墓夾層中挖出來的，可是竹簡的繩子早就斷了，於是他們重新排列，就有所謂的「錯簡」。

因此有時候讀起來，有些地方會很重複，讓你覺得這個概念為什麼又出現在這一篇裡面呢？在別篇裡面不是也已經闡述過這概念嗎？為什麼這個字擺在這邊好像不太合邏輯啊？這到底它講的是攻呢？還是講的是守呢？許多後世學者就此產生不同考證，探討版本的對錯。但在我看來，這些其實都沒有關係，因為我們基本上是運用，能帶給你一點啟發的說法或想法，那我們就借鑑。

就好像不同時代的人對《孫子兵法》可能也會有不同的詮釋。重點是我們先搞清楚孫子他的時代、他的精神以及他的思考脈絡。比如說，他是春秋末期的軍事思想家，那個時候打仗是屬於貴族的事，且當時受到陰陽五行的影響，或者孫子這個兵家的源頭跟道家是同出一源，孫子基本上是反戰的……這些概念大概都沒有錯，這個脈絡就在這裡，其他文字有什麼不同之處，待我們先讀了一遍以後再說。

第二種方式，我建議要讀到字裡行間裡面，讀到其中的時間元素，這也是我在談《孫子兵法》時不斷強調的時間元素。

時間元素是孫子有時候會很明白地講到時間，如天時、地利、人和，天時方面他講了尤其多，但有的時候，孫子沒有特別指出時間或時機，可是在他所介紹的戰術或戰略裡，你可以看得到時間的元素及流動。就像我前面跟各位講的「攻其所必救」，你去攻打他一定會救的那個議題或城市，然而他不可能隨時隨地都能守著，也不可能不防守等你打，只能抓住關鍵刻出手，那個關鍵時刻就是時機。所以我們要看時間的元素，並親身體會當下讀哪一段更有感覺，下一次又是哪一段觸發你。

我是把《孫子兵法》（宋本十一家注）的版本放在電腦旁邊，每一次我下載什麼東西比較慢了，我就翻兩頁看看，寫寫眉批。二十幾年下來，我再翻翻我二十幾年前寫的眉批、一些注釋，會驚覺原來以前我是這樣想的，或以前哪個新聞啟發我看到亮點但後來也許就不會這樣想了。這些軌跡都是我在不同時候讀《孫子兵法》有的不同體認。所以你第一種方法就是自已讀，但不是只讀一遍，有時間就拿出來翻一翻讀一段，你會發現這本書越看越好看，這是第一個讀法。

第二個讀法，我是建議各位拆招。大家都在學《孫子兵法》，並不是只有你在讀，而《孫子兵法》裡面本來就有攻有守，找到一個夥伴一起對讀，兩個人彼此餵餵招，也就是說，我今天告訴你說，我如果要攻擊你什麼地方或打你，我會怎樣出兵、我會怎麼打；然後你就告訴我說，根據你對《孫子兵法》上的一些領悟、一些體會，如果我這樣打你，那你會在什麼地方防我。

《孫子兵法》是兩面的，攻方、守方都在讀，兩方的視角會不同。攻守雙方的拆招，你會發現《孫子兵法》裡面這些戰術都是二元論，都是像太極兩儀圖一樣，太極圖它有黑、有白、有陰、有陽，它是一個正反合的、一個辯證的概念，所以它裡面是可以互動的，這是第二種讀法。

第三種讀法就更有意思了。你想想看《孫子兵法》成書以來，已經被世界多少國家的一些軍事家、戰略家翻譯成當地的文字，那他們的解讀都是一樣的嗎？**如果我們自己不同的朝代讀《孫子兵法》都可能有不同的解讀，那不同的文化背景、不同語言的版本，他們對於這一件事情解讀難道會是一樣的嗎？**難道他們沒有文化障礙嗎？當然有！

所以我常常講說今天這一個概念，我們是這樣解讀的，為什麼日本人是那樣解讀？韓國人是怎麼解讀或美國人是怎麼解讀？為什麼會有這種不同？或者不要講說什麼解讀，就是同樣一篇，我們讀起來覺得重點應該是這句話，那為什麼德國人會覺得重點是另外一句話？或者同樣一句話，我們看的是什麼？別人看的是什麼？

比如說我們以前講說「兵貴拙速」（〈作戰〉），就是我寧可笨拙，但是我速度要快。日本人讀到這一段的時候，就常常講說日本很多的產品，他們求過度的完美，所以他們往往會失去進入市場的先機。所以日本人讀到這段的時候，就告訴後面的日本人，有些時候先上市、先進了市場、先卡位，而不要處處都求完美，一邊先上市、一邊修。所以你都求完美，你就慢，慢了以後，你就錯過了一些特別的一些機會。我們如果在個性上不是那樣求完美的個性，對於「兵貴拙速」這段話，我們不會往那方面去想，但日本人會。

所以這就是我常常講說，我們有時候看不同文化背景的人，他的書，我們要折射性的來看一下，就是這個文化背景的作者，他為什麼會這樣看事情？他會怎麼解讀？跟我有什麼差別？然後再問為什麼會有差別？對不對？比如說中國文化跟美國文化，為什麼會有差別？第一個，你要證明它有差別，第二是為什麼有差別？我們對事情看法不一樣嗎？我們對正義的看法不一樣嗎？我們對戰爭的看法不一樣嗎？你這樣比一比，你就有一個比較的觀念來讀《孫子兵法》，忽然你發現，你的面就開始變廣了。

第一種讀法，我告訴你說要有時間，就是你的學問就變成立體的，有時間的層次，增加了時間的縱深。第三種讀法是告訴你說，我們看不同國家怎麼讀，它增加了廣度。

所以第一種時間是深度，比較的讀法是廣度。這樣讀《孫子兵法》，你會發現很有意思，不同的國家的人他們都喜歡讀《孫子兵法》，因為字數不多，且不同的人、國家、時代、翻譯有著不同的體認。

最早我從《孫子兵法》講述談判，曾經出過一本書叫《談判孫子兵法》，然後十幾年以後，我又出了一本叫《談判兵法》，那就是我中間對《孫子兵法》有一些不同的想法。現在這本《孫子兵法與談判謀略》其實沉澱了我現在一些新的想法，跟以前可能又有點不一樣，但是《孫子兵法》本來就是活的，每一陣子讀起來，本來就有不同的心得。

我無法強加我的心得在你身上，但是我能告訴你我的方法，也希望各位對《孫子兵法》、對談判能夠繼續有興趣，然後發展出你自己的想法，設計出你自己的戰略。

希望這本書對各位有實質幫助，有機會我們再見。

創新觀點

劉必榮的孫子兵法與談判謀略

2023年6月初版

定價：新臺幣380元

2023年9月初版第四刷

著者	劉必榮
叢書編輯	連玉佳
校對	胡君安
內文排版	林婕瀅
封面設計	陳文德

出版者	聯經出版事業股份有限公司
地址	新北市汐止區大同路一段369號1樓
叢書編輯電話	(02)86925588轉5315
台北聯經書房	台北市新生南路三段94號
電話	(02)23620308
郵政劃撥帳戶第0100559-3號	
郵撥電話	(02)23620308
印刷者	文聯彩色製版印刷有限公司
總經銷	聯合發行股份有限公司
發行所	新北市新店區寶橋路235巷6弄6號2樓
電話	(02)29178022

副總編輯	陳逸華
總編輯	涂豐恩
總經理	陳芝宇
社長	羅國俊
發行人	林載爵

行政院新聞局出版事業登記證局版臺業字第0130號

本書如有缺頁，破損，倒裝請寄回台北聯經書房更換。　ISBN 978-957-08-6932-3 (平裝)

聯經網址：www.linkingbooks.com.tw

電子信箱：linking@udngroup.com

國家圖書館出版品預行編目資料

劉必榮的孫子兵法與談判謀略/劉必榮著．初版．
新北市．聯經．2023年6月．288面．14.8×21公分（創新觀點）
ISBN 978-957-08-6932-3（平裝）
[2023年9月初版第四刷]

1.CST：孫子兵法 2.CST：談判 3.CST：談判策略

177.4 112006630